Janine Berg-Peer

Moderation von Selbsthilfegruppen

Ein Leitfaden

Foto: Thomas Fröhlich

Janine Berg-Peer, M.A. Soziologie, hat vier Kinder, drei Enkelkinder und einen Kartäuserkater. Sie verfügt über langjährige Erfahrung als Autorin (u.a. »Schizophrenie ist scheiße, Mama!«, »Aufopfern ist keine Lösung«), ist Karriereberaterin und Mediatorin. Als Coach hat sie über zwanzig Jahre Seminare und Workshops moderiert.

Ihre Mutter litt an einer bipolaren Störung, vor zwanzig Jahren wurde bei ihrer Tochter ebenfalls eine psychische Erkrankung diagnostiziert. Ihr ist es ein besonderes Anliegen, Angehörige und Freunde von psychisch Erkrankten zu ermutigen, auch an sich zu denken und auch ein eigenes Leben zu führen. Das kann ihnen dann wieder Kraft geben, um für ihr betroffenes Familienmitglied, ihren Partner oder Freund da sein zu können. Sie ist Mitglied im Bundesverband der Angehörigen BApK e.V. und deutsche Repräsentantin bei EUFAMI, der europäischen Dachorganisation der Angehörigenverbände.

www.janinebergpeer.de
www.angehörigenblog.de
www.kochen-für-die-seele.de

Janine Berg-Peer

Moderation von Selbsthilfegruppen

Ein Leitfaden

Janine Berg-Peer
Moderation von Selbsthilfegruppen
Ein Leitfaden
1. Auflage 2016
Psychosoziale Arbeitshilfen 33
ISBN-Print: 978-3-88414-651-4
ISBN-PDF: 978-3-88414-880-8

Bibliografische Information der Deutschen Nationalbibliothek
Die Deutsche Nationalbibliothek verzeichnet diese Publikation
in der Deutschen Nationalbibliografie;
detaillierte bibliografische Daten sind im Internet über
http://dnb.ddb.de abrufbar.

Die Downloadmaterialien zu diesem Buch sowie eine Handbibliothek finden Sie unter www.psychiatrie-verlag.de/buecher/detail/book-detail/moderation-von-selbsthilfegruppen.html

Weitere Bücher zum Umgang mit psychischen Erkrankungen unter:
www.psychiatrie-verlag.de

Lektorat: Katrin Klünter, Köln
Umschlagkonzeption: GRAFIKSCHMITZ, Köln
Typografiekonzeption, Umschlaglayout und Foto: Iga Bielejec, Nierstein
Satz: Psychiatrie Verlag, Köln
Druck und Bindung: KN Digital Printforce, Erfurt

Downloadmaterialien

Anzeige für Zeitungen, Infoblatt, Aushang

Arbeitsblatt »Spielregeln für eine wertschätzende Kommunikation«

Einladungsschreiben

Einverständniserklärung

Feedbackübungen

Flyer »Meine Gruppe«

Informationsblatt Raumsuche

Materialliste

Musterablauf

Problemlösungstechniken

Schreiben an Zeitungen

Screenshots

Teilnehmerliste

Die **Downloadmaterialien** zu diesem Buch sowie eine **Handbibliothek** finden Sie unter www.psychiatrie-verlag.de/buecher/detail/book-detail/moderation-von-selbsthilfegruppen.html.

Warum ein Leitfaden zu Moderation?

Dieser Leitfaden soll Ihnen Mut machen, auch einmal die Moderation einer Selbsthilfegruppe zu übernehmen oder eine Gruppe selbst zu initiieren. Dabei handelt es sich nicht um eine Vorgabe, die Sie Punkt für Punkt abarbeiten müssen. Wenn Sie bereits Erfahrungen mit der Moderation von Gruppen gesammelt und eine Vorgehensweise entwickelt haben, die gut funktioniert, bleiben Sie dabei. Der Leitfaden soll vor allem eine Orientierung für Menschen sein, die zum ersten Mal vor der Aufgabe stehen, eine Gruppe zu gründen und zu moderieren. In dem Buch können aber auch erfahrene Moderatorinnen und Moderatoren Hinweise finden, wie sie mit schwierigen Situationen umgehen können, mit denen sie schon einmal konfrontiert wurden. Ich spreche bewusst von Moderation und nicht von Leitung. Ein sensibler Sprachgebrauch ist wichtig, weil sich hinter diesen beiden Begriffen eine jeweils andere Haltung verbirgt. Bei einer Moderation geht es nicht darum, den Teilnehmenden zu sagen, was richtig oder falsch ist, sondern darum, sie zu *begleiten*. Jeder soll dazu ermutigt werden, seinen besonderen Erfahrungsschatz einzubringen.

In diesem Buch stelle ich Aspekte vor, die Sie bedenken können, aber nicht müssen. Sie sollen Ihre eigenen Erfahrungen und Wünsche in die Gestaltung Ihrer Gruppe einbringen. Manches in diesem Leitfaden ist Ihnen vielleicht zu detailliert – dann überblättern Sie es. Einige Menschen suchen eine ausführliche Anleitung, andere springen lieber direkt ins Feld und legen los. Jede Selbsthilfegruppe läuft anders ab – je nach Mitgliedern und Ihren persönlichen Vorstellungen und Ihrem Lebenshintergrund. Entscheidend ist, ob sich die Teilnehmenden in der Gruppe aufgehoben fühlen und sie als hilfreich empfinden. Sie können den Leitfaden als Einführung nutzen oder als Nachschlagewerk, wenn Sie als erfahrene Moderatorin oder erfahrener Moderator auf der Suche nach Inspiration und weiteren Ideen sind. Es gibt immer noch zu wenige Selbsthilfegruppen. Ich wünsche mir, dass dieser Leitfaden die noch vorhandene Lücke schließt und viele Menschen zur Gründung einer solchen Gruppe ermutigt.

Janine Berg-Peer

Was leisten Selbsthilfegruppen?

Gesprächsgruppen sind seit den Sechzigerjahren für Menschen, die sich mit einer psychischen Erkrankung auseinandersetzen müssen, nicht mehr wegzudenken. Sie haben sich als fester Bestandteil in der Selbsthilfe, in Kliniken und in der ambulanten Versorgung etabliert. Dabei erfüllen sie unterschiedliche Funktionen.

Sie spenden Trost und schützen gegen Isolation

In einer Selbsthilfegruppe können sich Menschen gegenseitig trösten. Sie werden entlastet, wenn sie offen über ihre Gefühle reden, Situationen beschreiben, die für sie schwierig sind, und in der Gruppe Zuwendung und Verständnis finden. Sie können Hoffnung schöpfen, wenn andere Mitglieder berichten, wie sie vergleichbare Probleme gemeistert haben oder wie sich eine ausweglos scheinende Situation verbessert hat. Viele Betroffene und Angehörige leiden darunter, dass sich Familie und Freunde zurückziehen – in einer Selbsthilfegruppe können sich soziale Kontakte ergeben, die über die Gruppe hinauswirken.

Sie fördern Kompetenz

In einer Selbsthilfegruppe können Menschen Informationen erhalten und lernen, besser mit ihrer eigenen Situation umzugehen. Sie fühlen sich wahrgenommen und nützlich, wenn ihr Rat gefragt ist und er anderen Teilnehmenden hilft. Mit einem besseren Verständnis der Erkrankung können sie adäquate Bewältigungsstrategien entwickeln und der eigenen Situation kompetenter begegnen. Das ist sowohl für Menschen mit einer psychischen Erkrankung als auch für deren Angehörige wichtig, die eine wirksame Unterstützung für das betroffene Familienmitglied, die Freundin oder den Partner sein wollen.

Sie fördern Autonomie

Durch den Austausch untereinander und durch Fachvorträge eignen sich Betroffene und Angehörige Wissen an, das sie selbstbewusster macht. Sie werden weniger abhängig vom Rat der Fachleute und sind eher in der Lage, Menschen in einer vergleichbaren Situation Trost und praktischen Rat anzubieten. Gleichzeitig können sie direkt auf die Fachwelt einwirken und neue Impulse setzen – durch den Austausch lernen professionell Tätige die Lebenswirklichkeit der Betroffenen und ihrer Angehörigen besser kennen und nehmen etwas davon mit in ihren beruflichen Alltag.

Sie stärken Betroffene und Angehörige

Angehörige belastet eine psychische Erkrankung oft in gleicher Weise wie die Betroffenen selbst. Der Austausch untereinander kann ihnen zu der Stärke verhelfen, die sie brauchen, um für ihre erkrankten Familienmitglieder, Lebenspartner oder Freunde eine Stütze sein zu können. Betroffene können durch die Gruppe weniger auf die Hilfe von Angehörigen angewiesen sein – sie erfahren von anderen Gruppenmitgliedern, wie sie sich selbst helfen können, welche Bewältigungsstrategien sie entwickelt haben oder auch, dass das Leben mit einem Verlust oder einer Einschränkung nicht nur bedauernswert sein muss. Beide Gruppen können sich von gut gemeinten, aber oft durch Missverständnisse oder Unkenntnis gekennzeichneten Ratschlägen der Umwelt lösen. Es wird ein Raum geschaffen, in dem Teilnehmende Stärke und Autonomie entwickeln können.

Sie fördern politisches Handeln

Wenn Betroffene und Angehörige gestärkt werden, fördert das ihre Fähigkeit, auch den Schritt in die Öffentlichkeit zu wagen und sich politisch dafür einzusetzen, die Bedingungen im psychiatrischen und sozialen Umfeld zu ändern.

Sie fördern Verhaltensänderung

Betroffene und Angehörige werden zu Expertinnen und Experten ihrer eigenen Situation. Diese »Expertise aus eigener Erfahrung« kann blind dafür machen, dass das persönliche Erfahrungswissen nicht auf alle anderen Situationen und Menschen gleichermaßen übertragbar ist. Hier kann die Selbsthilfegruppe ein gutes Korrektiv sein: Der Austausch miteinander bringt verschiedene Sichtweisen zutage. Die Fähigkeit zur Perspektivübernahme wird gestärkt und kann Verhaltensänderungen fördern. Nicht nur das eigene Leid steht im Mittelpunkt, sondern auch die Situation anderer Menschen wird gesehen. Betroffene, Familienmitglieder, Freunde, Nachbarn, Psychiaterinnen, Krankenpfleger und Sozialarbeiter – sie alle können »mitbetroffen« sein, und auch ihre Sicht ist wichtig.

Angehörige können lernen, nicht in Verhaltensweisen zu verharren, die weder für sie selbst noch für den Menschen, für den sie sich verantwortlich fühlen, sinnvoll sind. Betroffene und Angehörige erkennen, dass sie ihrer Situation nicht nur hilflos ausgeliefert sind, sondern über Fähigkeiten verfügen oder diese entwickeln können, um ihr Schicksal kompetent zu bewältigen.

Moderation in Selbsthilfegruppen

Eine Selbsthilfegruppe ist ein Zusammenschluss von Menschen mit ähnlichen Erfahrungen – Erkrankung, Schicksalsschlag –, die sich ohne Anleitung durch Fachleute gegenseitig unterstützen wollen. Die Motivation, eine Selbsthilfegruppe zu gründen oder zu besuchen, kann unterschiedlich sein: Manche wünschen sich den Austausch über ihre schwierige Lebenssituation, andere suchen Rat und Informationen. Wieder andere wollen sich gemeinsam dafür einsetzen, die Rahmenbedingungen für eine bestimmte Erkrankung oder eine diskriminierte Gruppe zu verbessern.

Was bedeutet Selbsthilfe für die Moderation?

Selbstorganisation bedeutet, dass Mitglieder einer Gruppe, zumeist Laien, die Moderation übernehmen. Das bringt Vorteile mit sich: Jeder ist in gleicher Weise betroffen, es besteht keine Hierarchie und der Umgang miteinander ergibt sich spontan. Um sicherzustellen, dass eine Selbsthilfegruppe auch die beschriebene Hilfe für Interessentinnen und Interessenten bieten kann, sollten Moderierende vorab einige grundsätzliche Überlegungen anstellen. Fragen Sie zunächst sich selbst, wieso Sie eine Gruppe anbieten möchten. Wenn Sie sich ein persönliches Ziel gesetzt haben, können Sie potenziellen Teilnehmenden beschreiben, was diese von Ihrer Gruppe erwarten können.

Was können Zielsetzungen sein?

Vielen Interessentinnen und Interessenten ist anfangs noch nicht klar, warum sie sich einer Gruppe angeschlossen haben. Im Lauf der Zeit kann sich herausstellen, dass ihre Erwartungen und Bedürfnisse weit auseinanderliegen oder vielleicht auch nicht mit Ihren Vorstellungen von einer Selbsthilfegruppe übereinstimmen. Um auf die unterschiedlichen Wünsche der Teilnehmenden vorbereitet zu sein, können Sie sich im Vorfeld die Zusammensetzung Ihrer Gruppe anschauen und welche Anforderungen sich hieraus an Ihre Moderation ergeben. Sonst kann es zu Frustration in der Gruppe kommen, und einige Teilnehmende werden sich dazu entschließen, die Treffen nicht mehr zu besuchen.

Zielsetzungen von Selbsthilfegruppen

- Gegenseitiger Trost und Unterstützung
- Austausch über »gute« Psychiater, Krankenhäuser und Einrichtungen
- Information über Fachthemen (Diagnosen, Therapien, rechtliche Fragen)
- Organisation von politischer Einflussnahme
- Verbesserung der Bedingungen in Krankenhäusern und sozialpsychiatrischen Einrichtungen
- Antistigma-Arbeit

In einer Selbsthilfegruppe sollten sich alle Mitglieder wohlfühlen und einbringen können. Aber nicht jeder hat einen wertschätzenden Umgang mit unterschiedlichen Meinungen gelernt. Hier ist es Ihre Aufgabe, darauf zu achten, dass jeder seine Meinung äußern kann, dies aber in einer Art und Weise geschieht, die niemanden verletzt oder beleidigt.

Auch bei der Vermittlung von Fachinformation ist Vorsicht geboten: Betroffene und Angehörige haben über die Jahre viel Wissen über psychische Erkrankungen, ihre Entstehung, die Symptome und Therapiemöglichkeiten gewonnen. Dieses Wissen ist jedoch oft stark von den eigenen Erfahrungen geprägt und kann nicht auf andere Situationen gleichermaßen übertragen werden. Es ist daher ratsam, für weitergehende Informationen Fachpersonen einzuladen.

Damit sich jeder in der Gruppe einbezogen fühlt und Unzufriedenheit oder Verletzungen möglichst vermieden werden, kann es durchaus Sinn machen, gleich zu Beginn Regeln einzuführen, auf die sich alle Mitglieder einigen können. Diese Regeln können beschreiben, wie Sie in der Gruppe respektvoll miteinander und mit unterschiedlichen Auffassungen umgehen können. Sie sollen niemanden einschränken, sondern dazu beitragen, dass die Gruppe wirklich auch die Hilfe bietet,

die der Begriff »Selbst*hilfe*gruppe« verspricht (siehe auch Kapitel »Struktur oder keine Struktur«, ab S. 46).
Gerade in Gesprächsgruppen für Menschen, die sich mit einer psychischen Erkrankung auseinandersetzen müssen, können solche Regeln wichtig sein. Durch ihren Kummer und ihre emotionale Erregung können Betroffene und Angehörige zu sehr in ihren eigenen Befindlichkeiten gefangen und wenig in der Lage sein, auch auf andere Rücksicht zu nehmen. Geben Sie besonders belasteten Teilnehmenden den Raum, um von ihrem Leid zu berichten. Sorgen Sie aber gleichzeitig dafür, dass auch andere Gruppenmitglieder genügend Zeit erhalten, sich einzubringen. Das bedeutet nicht, ein Gespräch streng zu unterbrechen, sondern behutsam darauf hinzuweisen, dass andere ebenfalls von ihren Erfahrungen erzählen wollen.

Homogene oder heterogene Gruppen

Sie können eine homogene oder eine heterogen zusammengesetzte Gruppe anbieten. Die Homogenität kann sich darauf beziehen, dass alle Teilnehmenden Betroffene oder Angehörige sind. Sie kann sich auch darauf beziehen, dass alle Anwesenden über die gleiche Diagnose reden. Eine einheitliche Zusammensetzung kann förderlich für den Gruppenzusammenhalt sein, denn es entsteht eher ein Zusammengehörigkeitsgefühl. Doch auch in einer Gruppe, die nur aus Angehörigen besteht, können unterschiedliche Sichtweisen vorherrschen. Oft fühlen sich erwachsene Kinder oder auch Geschwister nicht ausreichend berücksichtigt, wenn sich die Gruppe überwiegend aus Eltern oder Partnern zusammensetzt. Unterschiedliche Sichtweisen können sich aber auch befruchtend auf die Diskussion auswirken; wichtig ist nur, dass alle Erfahrungen ausreichend zur Sprache kommen können. Überlegen Sie sich vorher, welchen Schwerpunkt Sie in Ihrer Gruppe legen wollen. In heterogenen Gruppen, wie in trialogischen Selbsthilfegruppen, können Teilnehmende viel über unterschiedliche Perspektiven erfahren – vorausgesetzt, sie wollen etwas voneinander lernen.
Beim Aufeinandertreffen von Angehörigen und Betroffenen ist vom Moderierenden besonders viel Geschick gefragt. Gleitet eine Gruppe zu einem Treffen ab, bei dem sie sich gegenseitig Vorwürfe machen, ist

sie wenig hilfreich. Nur wenn Sie darauf achten, dass der Umgangston wertschätzend bleibt, kann eine Gruppe Unterstützung bieten.

Offene oder geschlossene Gruppen

Anfangs werden Gruppen eher offen für neue Teilnehmende sein. Wenn sich nach einer Weile ein guter Gruppenzusammenhalt gebildet hat, kann der Wunsch entstehen, keine neuen Mitglieder aufzunehmen. Berücksichtigen Sie den Wunsch der Gruppe, aber bemühen Sie sich auch, neuen Interessentinnen und Interessenten eine andere Option aufzuzeigen.

Von Laien oder Profis angeleitete Gruppen

Vom Selbstverständnis her wird eine Selbsthilfegruppe von jemandem aus der Gruppe und eben nicht von Fachleuten moderiert. Doch auch eine professionell geleitete Gruppe kann Unterstützung bieten, vor allem wenn es in Ihrer Region nur wenige Angebote gibt. Oft werden diese Gruppen in Kliniken oder Vereinen von Psychiaterinnen, Krankenpflegern oder Sozialarbeitern angeboten. Die Moderation durch eine Person, die vor allem einen fachlichen Bezug zu dem Thema hat, fördert eine andere Atmosphäre und andere Themen. Der Schwerpunkt liegt dann eher auf fachlichen Informationen statt auf gegenseitigem Austausch.

Wenn Sie vor der Wahl stehen, eine Gruppe in einem Verein selbst zu moderieren oder eine Institution darum zu bitten, dass dort eine solche Gruppe eingerichtet wird, sollten Sie die Vor- und Nachteile bedenken. Bei der Anbindung an eine Einrichtung fallen viele organisatorische Fragen weg – der Raum wird gestellt, es entstehen keine Kosten, die Gruppe wird über die Institution bekannt gemacht. Die Gruppe kann auch dann stattfinden, wenn Sie gerade selbst in einer schwierigen Situation oder Krise sind.

Sie können anbieten, diese Gruppe an der Klinik gleichberechtigt mit einer zuständigen Ärztin oder einem Krankenpfleger zu moderieren. Dennoch kann bei der Anwesenheit von Fachpersonen eher eine Hierarchie entstehen, weil von ihnen erwartet wird, alle Fragen beantworten zu können.

Psychoedukation

Unter dem Begriff »Psychoedukation« wird eine Schulung von Menschen mit einer psychischen Erkrankung oder ihren Angehörigen verstanden. Psychoedukationsgruppen folgen in der Regel einer strukturierten Vorgabe und werden zumeist von Fachleuten geleitet. Doch es spricht nichts dagegen, dass Sie selbst eine Psychoedukationsgruppe gründen. Es gibt gute Manuale für Psychoedukation, auch für verschiedene Diagnosen, sodass Sie als erfahrene Angehörige oder erfahrener Betroffener ebenfalls eine solche Gruppe moderieren können.
Daneben besteht die Möglichkeit, sich als Trainerin oder Trainer für Psychoedukationsgruppen ausbilden zu lassen. Sie haben hier eine klare Vorgabe, welche Themen in welcher Sitzung behandelt werden. Inhalte sind die unterschiedlichen Diagnosen, ihre Symptome, Entstehungsbedingungen und der sinnvolle Umgang mit der Erkrankung. Die Herausforderung liegt bei dieser Gruppenform darin, Wissen zu vermitteln und gleichzeitig den Austausch persönlicher Erfahrungen zuzulassen.

Trialogisches Seminar

Eine trialogisch aufgebaute Gruppe bietet ein Diskussionsforum, in dem sich Betroffene, Angehörige, Ehrenamtliche, Interessierte und Profis gleichberechtigt über Aspekte von psychischen Erkrankungen und den Umgang mit diesen austauschen können. Im Vordergrund stehen gegenseitige Akzeptanz und ein besseres Verständnis der unterschiedlichen Perspektiven. Auch hierzu gibt es ausreichend Literatur, in der Sie sich über die Durchführung informieren können. Grundsätzlich wird vonseiten der Moderierenden möglichst wenig eingegriffen.
Diese Maxime der Nichteinmischung birgt allerdings ein Konfliktpotenzial, wenn die Interessen und Sichtweisen der Beteiligten stark voneinander abweichen und sich diejenigen, die lautstark ihre Stimme

einbringen, mehr Gehör verschaffen. Hier kann eine konsequente Nichteinmischung zu der Benachteiligung einer der Gruppen führen. Gerade in einem Psychoseseminar ist daher eine erfahrene und behutsame Moderation wichtig, wenn Beschuldigungen und Verletzungen vermieden werden sollen und alle Gefühle und Erlebnisse Raum haben dürfen. Jeder soll dazu ermuntert werden, zu einem besseren Verständnis des Gegenübers zu kommen.

Virtuelle Selbsthilfegruppen

Die Möglichkeiten von Telefonie und Internet werden für Selbsthilfegruppen bislang noch zu wenig beachtet. Manchen Menschen fehlt bei einer solchen Gesprächsform der persönliche Kontakt. Aber virtuelle Gruppen müssen nicht die persönliche Gruppe ersetzen, sondern können ein zusätzliches Angebot des Austauschs sein. Sie können Menschen miteinander in Kontakt bringen, die weit voneinander entfernt leben oder schnell eine Antwort auf eine drängende Frage haben wollen.
Bedenken Sie, dass eine neue Generation von Angehörigen und Betroffenen heranwächst, die keine Berührungsängste mit diesen Medien hat. Jungen Eltern fehlt oft die Zeit, zu einem Präsenztreffen zu kommen. Bei einer virtuellen Gruppe fällt die Anfahrt weg, und sie kann auch tagsüber oder spät abends durchgeführt werden. Gerade in ländlichen Gegenden mit wenigen Angeboten kann sich diese Gesprächsform daher anbieten.
Die Deutsche Gesellschaft für Bipolare Störungen (DGBS) sowie der österreichische Verein Hilfe für Angehörige psychisch Erkrankter (HPE) nutzen bereits technische Möglichkeiten und bieten Onlineberatung an.

Telefonkonferenz

Bei wenigen Interessentinnen und Interessenten ist eine Telefonkonferenz sinnvoll. Anbieter von Konferenzschaltungen finden Sie problemlos bei Google. Es empfiehlt sich, die Preise zu vergleichen, z.B. unter www.telefonkonferenz.info.

Wie funktioniert es?
Senden Sie vor der geplanten Telefonkonferenz frühzeitig an alle Teilnehmenden eine E-Mail mit vorgegebenen Zeitfenstern. Bitten Sie sie, etwa über Doodle (www.doodle.de) einzutragen, welcher Zeitraum ihnen passt. Am Telefonkonferenztag wählen sich alle mit einer Nummer ein, die ihnen vorher per E-Mail mitgeteilt wird. Eine elektronische Stimme sagt Ihnen, welche Tasten Sie drücken müssen, um Ihre Konferenzraumnummer einzugeben. Schon sind Sie mit den anderen verbunden und können sich austauschen.
Als Moderatorin oder Moderator müssen Sie darauf achten, dass nicht mehrere Personen gleichzeitig reden. Da diese sich untereinander nicht sehen können, kann dies schnell passieren. Am einfachsten ist es, wenn Sie die Teilnehmenden namentlich bitten, etwas zu sagen.

Skype

Wenn Sie nicht nur miteinander reden, sondern sich auch sehen möchten, bietet sich eine Videokonferenzschaltung über Skype an (www.skype.com/de). Die Teilnehmerzahl sollten Sie hier auf drei bis vier Personen begrenzen.

Wie funktioniert es?
Um an einer Videokonferenzschaltung teilnehmen zu können, müssen die Mitglieder bei Skype angemeldet sein und über einen Computer oder ein Tablet mit einer Kamera verfügen. Die heute gängigen Modelle haben bereits standardmäßig eine integriert. Sie können vorab eine feste Zeit ausmachen oder wieder eine Einladung über Doodle schicken, in die jeder seine Zeitpräferenz einträgt. Zum abgemachten Zeitpunkt schalten sich alle ein. Sie können sich nun sehen und beginnen, sich auszutauschen.
Sorgen Sie auch bei Skype dafür, dass nicht durcheinander gesprochen wird. Sie können die Teilnehmenden wieder namentlich bitten, etwas zu sagen. Wenn Sie alle ein wenig Übung haben, werden Sie einen Umgang mit dem Medium finden, der zu Ihnen passt. Weitere Informationen erhalten Sie unter http://praxistipps.chip.de/skype-video-konferenz-einrichten_8086. Ein Snapshot ist in den Downloadmaterialien hinterlegt.

Webinare

In Deutschland sind Webinare im psychiatrischen Umfeld noch wenig bekannt. Hierbei handelt es sich um Seminare im Internet, die in Echtzeit stattfinden und in der Regel eine Stunde dauern. Sie können Webinare nutzen, um einen Vortrag zu halten oder sich untereinander auszutauschen, oder beides kombinieren. Bei einer Psychoedukationsgruppe etwa könnten Sie eine Präsentation zeigen und anschließend Raum zur Diskussion geben. Insbesondere bei Expertenvorträgen bietet sich diese Gesprächsform an. Die Psychiaterin oder der Sozialarbeiter können von ihrem Computer aus das Webinar durchführen und Fragen beantworten. Ein großer Vorteil ist es, dass viele Menschen – hundert oder mehr – teilnehmen können.

Webinare oder Gruppensitzungen können kostenlos oder kostenpflichtig angeboten werden. Eine Selbsthilfegruppe sollte kostenlos sein. In der Gestaltung Ihrer Gruppe sind Sie frei – Sie können die Teilnahme begrenzen, nur Menschen zulassen, mit denen Sie vorher gesprochen haben, oder die Gruppe für alle öffnen. Wer Sorgen hat, sich mit diesem Thema ins Internet zu wagen, muss kein Bild von sich ins Netz stellen, sondern kann anonym mitmachen.

Wie funktioniert es?

Teilnehmende sollten über einen Computer oder ein Tablet mit einer Kamera verfügen, es ist aber nicht unbedingt erforderlich. Zusätzlich benötigen Sie selbst ein gutes Headset (http://webinarfuchs.de/service/empfehlungen/headsets). Sie oder Ihr Verein müssen sich auf der Plattform registrieren, auf der Sie ein Webinar oder eine Gesprächsgruppe anbieten wollen. Die Preise können je nach Anbieter und Anzahl der Teilnehmenden variieren. Informieren Sie sich hier über mögliche Fördergelder.

Etwa 15 Minuten vor Beginn werden alle Mitglieder per E-Mail aufgefordert, sich über einen Link einzuloggen. Sobald Sie das Webinar freigeschaltet haben, sind im unteren Bereich des Bildschirms Profilbilder oder Icons der Teilnehmenden zu sehen. Wenn eine Person etwas beitragen will, erscheint neben ihrem Profilbild eine kleine Hand oder ein Fragezeichen. Bei Webinaren haben Sie verschiedene Möglichkeiten: Sie können alle Teilnehmenden freischalten, sodass sie jederzeit für alle hörbar sprechen können, nur denjenigen, der etwas sagen will, oder die Teilnehmenden bitten, ihre Fragen in den Chatbereich zu schreiben, um diese anschließend zu beantworten. Bei größeren Gruppen bietet sich letztere Variante an.

Es kann passieren, dass eine Person durch unangemessene, verletzende oder unsachliche Beiträge im Chat auffällt. Sie können sie einmal darum bitten, diese Bemerkungen zu unterlassen. Wenn sie es nicht tut, können Sie sie vom Webinar ausschließen. Auf der jeweiligen Plattform wird erklärt, wie das gemacht wird. Sie können auch jederzeit an die Administratoren schreiben und sie um Rat bitten.

Wenn Sie noch keine Erfahrung mit Webinaren gemacht haben, klingt es vielleicht kompliziert, ist es aber nicht. Es gibt viele Plattformen, die Webinare anbieten (www.welsch-lehmann.com/vergleich-von-webinar-anbietern), ich selbst empfehle edudip (www.edudip.com). Die Seite ist gut verständlich aufgebaut, hat vertretbare Preise und es gibt auf der Webseite sowie auf YouTube (www.youtube.com/watch?v=sEy3NgExam4) anschauliche Anleitungen zur Nutzung von edudip und zur Einrichtung und Durchführung von Webinaren.

Facebook

Wenn Sie Vorbehalte gegenüber Facebook haben, gehen Sie einfach zum nächste Abschnitt über. »Onlinegruppen« auf Facebook ermöglichen zwar nicht den spontanen persönlichen Austausch, haben aber den Vorteil, dass Mitglieder zeitnah eine Nachricht in die Gruppe geben können und nicht bis zur nächsten Sitzung warten müssen. Es kann ein gutes zusätzliches Angebot zu einer bestehenden Selbsthilfegruppe sein.

Wie funktioniert es?
In einem ersten Schritt müssen Sie ein persönliches Profil auf Facebook erstellen. Nun können Sie eine zusätzliche Seite aufbauen, die spezielle Funktionen bietet. Einen Snapshot einer solchen Seite finden Sie in den Downloadmaterialien. Auf Ihrem Profil und Ihrer Seite können Sie jetzt Gruppen anlegen, die nur für ausgewählte Personen sichtbar sind.
Manchmal haben Teilnehmende Fragen, die sie weder öffentlich noch in der Gruppe stellen wollen. Diese Mitglieder könnten Ihnen über Facebook eine persönliche Nachricht schicken, die nur Sie lesen können. Überlegen Sie, ob Sie zusätzlich zu Ihrer Gruppe die Zeit aufbringen können und wollen, persönliche Nachrichten zu beantworten. Sagen Sie den Teilnehmenden, wie schnell sie mit einer Antwort rechnen können.

Auch bei Facebook gibt es immer wieder Personen, die durch verletzende oder unsachliche Posts (Beiträge) auffallen. Nicht ärgern, Sie können sie von der Gruppe ausschließen oder sogar melden, wenn sie die Bemerkungen nicht unterlassen.

Facebook ist intuitiv aufgebaut. Wenn Sie Schwierigkeiten haben, finden Sie im Internet und vor allem auf YouTube viele anschauliche Anleitungen. Auch das Buch »Facebook für Dummies« (2013) von Leah PEARLMAN und Carolyn ABRAM kann hilfreich sein. Weitere Informationen erhalten Sie unter: http://contentkiste.de/tipps-zur-nutzung-von-facebook-gruppen oder www.facelift-bbt.com/de/7-wichtige-voraussetzungen-fuer-erfolgreiche-facebook-gruppen.

Gründung einer Selbsthilfegruppe

Wenn Sie sich für eine eigene Selbsthilfegruppe entschieden haben, sind einige Fragen zu klären: Wo kann sie stattfinden? Wie oft und wie lange wollen Sie sich treffen? Soll es eine homogene Gruppe sein, oder sollen Menschen mit unterschiedlichen Erfahrungen und Zielsetzungen teilnehmen?

Wo kann die Gruppe stattfinden?

Falls Sie die Selbsthilfegruppe im Rahmen einer bestehenden Organisation anbieten, können Sie dort nach einem Raum fragen. Außerhalb eines Vereins oder eines Trägers müssen Sie Kooperationspartner finden. Wer kann Sie vor Ort unterstützen? Wichtig ist es, dass Sie den Raum kostenlos nutzen können, er verkehrstechnisch gut zu erreichen ist und er zu den Zeiten, die Sie anbieten möchten, zugänglich ist – manche Institutionen schließen bereits um 17:00 Uhr.

Geeignete Räume für Selbsthilfegruppen

- Kulturhäuser, soziale Treffpunkte, Bibliotheken
- Soziale Organisationen: Caritas, Johanniter, Malteser, Stiftungen
- Krankenhäuser, psychosoziale Einrichtungen
- Kirchen, Moscheen und andere religiöse Gruppierungen

Wenn Sie einen Raum erbitten wollen, sollten Sie Ihr Vorhaben schnell erklären können. Es ist hilfreich, im Vorfeld ein Informationsblatt zusammenzustellen, das Sie den Ansprechpartnern per E-Mail zusenden oder vor Ort übergeben können. Es genügen wenige Informationen: Wer sind Sie? Was möchten Sie mit der Selbsthilfegruppe erreichen? An wen wenden Sie sich? Wer kann teilnehmen? Dieses Informationsblatt können Sie sowohl für die Raumsuche (Abb. 1, S. 24) als später auch leicht abgewandelt für die Gewinnung von Teilnehmenden (siehe »Einladungsschreiben« ⤓) nutzen.

ABBILDUNG 1 Informationsblatt Raumsuche

Sehr geehrte Damen und Herren,

wir sind eine Gruppe von Angehörigen psychisch erkrankter Menschen/eine Gruppe psychisch erkrankter Menschen, die sich künftig regelmäßig zusammensetzen will, um Erfahrungen auszutauschen und sich gegenseitig zu unterstützen. Für unsere Treffen suchen wir ein- bis zweimal im Monat einen Raum, der gut zugänglich ist, auch noch nach 18:00 Uhr. Weil wir uns ehrenamtlich engagieren/ da wir als ehrenamtlicher Verein über wenig Mittel verfügen, würden wir uns freuen, wenn Sie uns einen Raum kostenlos zur Verfügung stellen könnten.
Sie könnten damit eine Gruppe von Menschen unterstützen, die sonst häufig mit ihren Problemen alleingelassen wird.

Damit Sie sich eine Vorstellung von unserer Arbeit/unserem Verein machen können, ist ein Flyer/eine Broschüre beigelegt. Gerne stellen wir uns/stelle ich mich auch persönlich bei Ihnen vor, um Ihnen unser/mein Anliegen noch einmal zu erläutern.

Sie können uns/mich auch jederzeit telefonisch oder per E-Mail erreichen, unter: 0123–45678, musterfrau@web.de.

Vielen Dank vorab.

Mit freundlichen Grüßen
Sabine Musterfrau

Wie viele Teilnehmer?

Anfangs ist es nicht so wichtig, sich auf eine Mindestanzahl festzulegen – eine Gruppe muss sich erst herumsprechen und zusammenfinden. Grundsätzlich ist eine Gruppengröße von zehn bis zwölf Teilnehmenden sinnvoll. Bei mehr Personen besteht die Gefahr, dass nicht alle oft genug zu Wort kommen oder das Gefühl haben, dass ihre Probleme nicht angemessen gehört werden.
Wenn Sie einen großen Zulauf haben sollten und es Ihre Zeit zulässt, können Sie zwei Termine anbieten. Warten Sie dafür aber erst einige

Sitzungen ab, denn Sie müssen mit einer gewissen Fluktuation rechnen – manche Interessentinnen und Interessenten bleiben nach dem ersten Besuch weg, neue kommen hinzu. Das ist üblich bei freiwilligen Gruppen und hat nichts mit Ihrer Moderation zu tun. Oft stellen Teilnehmende erst nach einigen Treffen fest, dass Ihre Erwartungen nicht erfüllt werden oder für sie die Zusammensetzung der Gruppe nicht passt.

Wann soll die Gruppe stattfinden?

Mit Rücksicht auf die Berufstätigkeit potenzieller Teilnehmender empfiehlt es sich, eine Gruppe abends anzubieten, wobei 18:00 Uhr eine Zeit ist, die es ihnen erlaubt, gleich nach der Arbeit zu kommen. Ältere Angehörige oder Betroffene haben auch tagsüber Zeit. Wer allerdings zunächst seine Kinder versorgen muss, kann vermutlich nicht vor 20:00 Uhr. Überlegen Sie sich daher, welche Zielgruppe Sie erreichen möchten, und besprechen Sie beim ersten Treffen, welche Zeit für alle günstig ist.

Wenn es Ihre Kapazitäten erlauben, können Sie zusätzlich eine spätere Gruppe oder eine am Vormittag anbieten. Bei einer virtuellen Gruppe sind Sie unabhängiger vom Zeitpunkt – in manchen Institutionen müssen Sie sich nach den Öffnungszeiten richten. In ländlichen Regionen können auch Verkehrsverbindungen eine Rolle spielen.

Wie lange und wie oft?

Zwei Stunden bieten sich für eine Gruppensitzung an, ein längerer Zeitraum ist oft zu anstrengend. Gerade abends lässt die Konzentration etwas nach. Wenn sich die Gruppe nach einer Weile gut kennt und das Bedürfnis nach mehr Kontakt besteht, können Sie anbieten, hinterher noch in ein Restaurant zu gehen, um sich weiter zu unterhalten.

In jedem Fall sollten Sie die Gruppensitzung und das »Plaudern« klar voneinander trennen. Wenn die Gruppe innerhalb der Sitzungen zu einer »Plaudergruppe« abgleitet, werden manche die Gruppe frustriert verlassen, weil sie das Gefühl haben, dass ihre Probleme nicht ernsthaft besprochen werden. Ein lockeres Zusammensitzen im Anschluss mit privaten Gesprächen kann hingegen den Trost verstärken, den eine Selbsthilfegruppe bieten möchte. Es können soziale Kontakte entstehen, die auch über das Thema psychischer Erkrankungen hinauswirken.

Es empfiehlt sich, die Selbsthilfegruppe anfangs einmal monatlich anzubieten. Zwei Treffen pro Monat kann für manche schwer zu realisieren sein. Andererseits sollten die Abstände gerade zu Beginn einer neuen Gruppe nicht zu groß sein. Nach einigen Sitzungen können Sie untereinander neue Zeiten vereinbaren.

Kontinuität ist wichtig!

Eine Gruppe sollte immer zur gleichen Zeit am selben Ort stattfinden. Wenn die Teilnehmenden schon einmal vor einer verschlossenen Tür gestanden haben, weil die Zeit – oder auch der Raum – geändert wurde, kann sich Frustration einstellen, und Sie können Interessentinnen und Interessenten verlieren.

Benachrichtigen Sie die Teilnehmenden bei Änderungen umgehend per Anruf, E-Mail oder SMS. Hierfür ist eine ständig aktualisierte Teilnehmerliste mit allen relevanten Angaben wichtig. Wenn sich Gruppenmitglieder scheuen, ihre persönlichen Daten weiterzugeben, erklären Sie ihnen, warum es sinnvoll sein kann und dass diese Daten nicht anderweitig verwendet werden. Sie können Ihnen auch Ihre Nummer und E-Mailadresse geben, damit sie bei Ihnen nachfragen können.

Denken Sie daran, dass Sie für die Speicherung von Daten, etwa in einer Datenbank, das schriftliche Einverständnis der Teilnehmenden benötigen. Ein Muster für eine Einverständniserklärung steht zum Download bereit.

Wie finden Sie Teilnehmer?

Wenn Sie nicht zum vereinbarten Zeitpunkt allein oder mit nur wenigen Teilnehmenden vor kalt werdendem Tee sitzen wollen, müssen Sie Ihre Gruppe bekannt machen. Ein einfacher Weg ist es, das

Einladungsschreiben im Gebäude Ihres Verbands oder Vereins auszulegen. Wenn Sie nicht nur Verbandsmitglieder gewinnen wollen oder keinen Verein im Hintergrund haben, sollten Sie die Marketingaktivitäten erweitern. An welchen Orten kann Ihre Einladung eine möglichst große Verbreitung finden?

Tipps, um Teilnehmer zu gewinnen

Multiplikatoren gewinnen Mitglieder einer bereits bestehenden Gruppe können als Multiplikatoren wirken – sie können Menschen in ihrem Umkreis über die neue Gruppe informieren und die Nachricht verbreiten. Legen Sie Ihr Einladungsschreiben daher in Räumen bestehender Gruppen aus.

Arztpraxen, Krankenhäuser, Apotheken, Kirchen, öffentliche Bibliotheken, Volkshochschulen, Buchhandlungen, Weiterbildungsinstitutionen, Geschäfte, Reinigungen und das Schwarze Brett von Discountern sind weitere geeignete Orte für Ihr Einladungsschreiben.

Kontakte knüpfen Stellen Sie Kontakte zu potenziellen Multiplikatoren her. Sprechen Sie persönlich niedergelassene Ärztinnen oder Therapeuten an, gehen Sie in Krankenhäusern vorbei. Es ist erfolgreicher, wenn Sie nicht nur einen Flyer (Abb. 2, S. 28) auslegen, sondern auch in einem persönlichen Gespräch Ihr Vorhaben erklären.

Denken Sie daran, dass Flyer schnell verschwinden. Machen Sie sich die Mühe, an Orten und Stationen mit potenziellen Teilnehmenden regelmäßig welche nachzulegen – natürlich müssen Sie sich vorher erkundigen, ob das zulässig ist.

Informationsabende anbieten Bieten Sie Multiplikatoren an, in dem Verein, der Praxis, dem Krankenhaus, einer Volkshochschule oder an ähnlichen Orten einen kostenlosen Informationsabend zu Ihrem Thema durchzuführen.

Selbsthilfekontaktstellen aufsuchen Bemühen Sie sich, dass Ihre Gruppe bei Selbsthilfekontaktstellen, Vereinen oder Interessensgemeinschaften vor Ort und im Internet aufgeführt wird. Legen Sie Ihre Flyer aus.

Medien nutzen Auch eine Anzeige ist nützlich und nicht immer mit Kosten verbunden. Kleine regionale Zeitungen oder auch Stadtteilnachrichten nehmen gerne Informationen über derartige Initiativen auf. Erstellen Sie einen Verteiler aller Tageszeitungen und Radiosender in Ihrer Region, und schicken Sie monatlich per E-Mail eine kurze Information. Sie haben keine Garantie, dass Ihre Gruppe aufgenommen wird, aber Sie sollten es immer wieder versuchen. Wenn Sie eine Informationsveranstaltung zu einem interessanten Thema organisieren, werden die Medien das eher veröffentlichen. Ein Musterschreiben an Zeitungen finden Sie in den Downloadmaterialien.

ABBILDUNG 2 Musterflyer »Meine Gruppe«

Wer sind wir?
Wir sind eine Gruppe von Angehörigen und Freunden psychisch erkrankter Menschen/eine Gruppe psychisch erkrankter Menschen.

Was bieten wir?
Eine Gesprächsgruppe für Angehörige und Freunde/für Betroffene, die Erfahrungen austauschen und sich gegenseitig unterstützen wollen.

Wer organisiert das?
Der Musterverband/zwei Angehörige/zwei Betroffene/der Musterverein e.V.

Wer kann teilnehmen?
Jeder, der einen erkrankten Angehörigen oder Freund hat: Eltern, Partner, Geschwister, enge Freunde, Kinder, Verwandte/jeder, der an einer psychischen Störung leidet (Mitgliedschaft in unserem Verband/Verein ist keine Voraussetzung für eine Teilnahme).

Wo findet es statt?
Nachbarschaftsheim Musterdorf, Musterstraße 11, 11111 Musterstadt,
2. Etage, Raum 222.
Verkehrsverbindungen: Buslinie ..., Haltestelle ...; U-Bahnlinie ..., Haltestelle ...

Wann findet es statt?
Jeden zweiten und vierten Mittwoch im Monat, 18:00–20:00 Uhr/ein erstes Kennenlernen findet am ... um 18:00 Uhr statt.

Was kostet es?
Die Gruppe ist kostenlos.

Wie kann ich mich erkundigen oder anmelden?
Unter info@mustermann.de oder unter 0123–45678.

Werbung über das Internet

Falls Ihr Verein oder Ihr Verband eine eigene Webseite hat, dann sollte die neue Gruppe hier auftauchen. Besser noch ist es, wenn es auf der Webseite einen Blog gibt, in dem Sie oder andere Gruppenmitglieder regelmäßig kleine Artikel über die Gruppe verfassen oder auf eine besondere Veranstaltung hinweisen können. Es ist hilfreich, wenn dieser Blog »abonniert« werden kann. Die Abonnentinnen und Abonnenten werden dann automatisch benachrichtigt, sobald ein neuer Beitrag erscheint. Das klingt kompliziert, aber wer eine Webseite programmieren kann, kann dort auch unproblematisch einen Blog integrieren. Wenn Sie sich oder jemand aus der Gruppe gut auskennen, können Sie einen eigenen Blog für Ihre Gruppe erstellen und regelmäßig Informationen oder Fragen posten.
Vielleicht erscheint Ihnen das alles sehr aufwendig. Doch wenn Sie Flyer auslegen oder Ärztinnen und Ärzte ansprechen, hat das einen weit weniger großen Verbreitungsgrad als Ihr regelmäßig gepflegter Blog. Werbung ist immer mit viel Arbeit verbunden. Wer sich sachkundig machen möchte, findet dazu gut verständliche Literatur und ausreichend Informationen im Netz, z.B. unter http://de.jimdo.com, http://praxistipps.chip.de/blog-erstellen-mit-blogspot-in-3-minuten-so-gehts-kostenlos_23980, www.myblog.de oder www.crosli.de/wordpress-installieren-einrichten-anleitung-fuer-anfaenger.

Werbung über soziale Medien

Sie können Ihre Gruppe auch über Facebook, Twitter, Foren oder YouTube bekannt machen. Wenn Sie Vorbehalte gegenüber sozialen Medien haben, überspringen Sie diesen Abschnitt einfach. Hier eignet sich Werbung besonders, wenn Sie virtuelle Gruppen anbieten und ein breit gestreutes Publikum erreichen wollen. Sie können Ihre Gruppe beispielsweise auf Ihrer Facebookseite unter »Veranstaltungen« aufführen und über Themen aus der Gruppe informieren, die potenzielle Teilnehmende ansprechen.
Diese vielen Werbemöglichkeiten sind nur als Anregung gedacht. Selbstverständlich ist es weder notwendig noch zeitlich möglich, alle diese Kanäle zu bedienen. Überlegen Sie sich, wie viel Geld, Zeit und technische Kenntnisse Ihnen zur Verfügung stehen – und was

am besten zu Ihnen passt. Legen Sie dann fest, was Sie übernehmen können und ob Sie vielleicht noch Mitstreiter finden, die Sie unterstützen.

Förderung von Selbsthilfegruppen

Selbsthilfegruppen können finanziell gefördert werden. Im Internet finden sich ausreichend Informationen, bei welchen Institutionen Sie in welcher Form eine Unterstützung erhalten können. Krankenkassen bieten beispielsweise eine finanzielle Förderung und auch Hilfe bei der Antragstellung an. Der GKV-Spitzenverband (www.gkv-spitzenverband.de) als zentrale Interessenvertretung der gesetzlichen Kranken- und Pflegekassen hat einen Leitfaden zur Selbsthilfeförderung herausgegeben.
Weitere hilfreiche Stellen sind die Nationale Kontakt- und Informationsstelle zur Anregung und Unterstützung von Selbsthilfegruppen (www.nakos.de), die Selbsthilfeförderung durch gesetzliche Krankenkassen (www.sekis-berlin.de), die Bundesarbeitsgemeinschaft Selbsthilfe von Menschen mit Behinderung und chronischer Erkrankung und ihren Angehörigen e.V. (www.bag-selbsthilfe.de) und der AOK Bundesverband (www.aok-bv.de).

Was brauchen Sie für die Moderation?

Um eine Selbsthilfegruppe erfolgreich zu initiieren, ist vor allem eines wichtig: Ihre Motivation, für Angehörige oder Betroffene einen Ort schaffen zu wollen, an dem sie sich austauschen und auch gegenseitig unterstützen können. Sie brauchen weder eine Ausbildung zur Moderatorin oder zum Moderator noch eine medizinische oder therapeutische Vorbildung. Sie müssen kein Redetalent sein und auch keine Erfahrung mit der Leitung von Gruppen haben. Hinweise für die Organisation und den Umgang mit kritischen Situationen finden Sie in diesem Leitfaden.
Vertrauen Sie darauf, dass Sie gemeinsam mit den Gruppenmitgliedern einen guten Weg für Ihre Gesprächsgruppe finden werden.

Welche Ressourcen brauchen Sie?

Als Betroffene oder Angehöriger sind Sie mit der Situation vertraut, die eine psychische Erkrankung oder die Begleitung eines psychiatrieerfahrenen Menschen mit sich bringt. Sie wissen etwas über Diagnosen und Krisen, über Isolation, Kämpfe mit Behörden, aber auch über die tägliche Überforderung. Das persönliche Erfahrungswissen, über das Betroffene verfügen, die Sorgen und immerwährende Angst, die Angehörige um ihr erkranktes Familienmitglied oder ihren Partner haben, ebenso wie der Wunsch, Menschen in vergleichbaren Situationen Trost und Informationen anzubieten, sind wichtige Ressourcen für eine behutsame Gruppenmoderation.
Wenn diese Aufgabe neu für Sie ist, sollten Sie darüber nachdenken, welche Eigenschaften eine gute Moderatorin oder einen guten Moderator auszeichnen und über welche Fähigkeiten Sie bereits verfügen.

Ihr Selbstverständnis

In einer Selbsthilfegruppe kommen Menschen zusammen, die ganz unterschiedliche Lebensvorstellungen und Erfahrungen mitbringen. Auch die Motivation, eine Gruppe zu besuchen, kann eine andere sein. Um hiermit angemessen umgehen zu können, kann es hilfreich sein, sich mit dem eigenen Selbstverständnis und Menschenbild auseinanderzusetzen. Welche Einstellungen, Wertvorstellungen, Vorlieben und Vorbehalte haben Sie?

Sie sollten in der Lage sein, nicht wertend an andere Menschen heranzugehen, sondern jeden so zu akzeptieren, wie er sich äußert und verhält – es sei denn, es schadet dem Gruppenzusammenhalt. Bei der großen Belastung, unter der viele Angehörige und Betroffene stehen, bleibt es nicht immer aus, dass sie impulsiv oder auch empfindlich reagieren. Sorgen Sie in solchen Situationen dafür, dass die Gruppe weiterhin gut harmoniert. Weisen Sie darauf hin, dass alle unter großer Belastung stehen, was verhindern kann, dass sie immer moderat miteinander umgehen. Erklären Sie aber gleichzeitig, dass Verständnis und Akzeptanz letztlich allen hilft. Sie können noch einmal hervorheben, welche Gefühle eine bestimmte Bemerkung bei dem Gegenüber auslösen kann. Menschen fühlen sich dann eher verstanden und müssen nicht mehr um ihr Recht oder um Anerkennung kämpfen.

Denken Sie auch darüber nach, wieso Sie eine Gruppe anbieten wollen: Was erhoffen Sie sich von der Moderation? Möchten Sie anderen helfen? Suchen Sie eigene Unterstützung? Oder beides? Es ist legitim, Hilfe für sich selbst zu erwarten. Steht diese Motivation bei Ihnen jedoch an erster Stelle, könnten Sie frustriert werden. Es ist insbesondere die Aufgabe der Moderierenden, eine Stütze für die anderen Teilnehmenden zu sein. Wenn Sie vor allem für sich selbst emotionale Unterstützung suchen, kann es unter Umständen schwierig sein, sich immer ausreichend auf die Bedürfnisse der Gruppenmitglieder einzustellen.

Ihre Fähigkeit, mit Andersartigkeit umzugehen

An einer Selbsthilfegruppe nehmen Menschen verschiedener Kulturen und Bildungsschichten teil. Auch ihre politische Überzeugung, ihre Nationalität, ihr Alter und Geschlecht sowie ihre sexuelle Orientierung

können unterschiedlich sein. Es ist wichtig, allen Teilnehmenden offen und vorurteilslos zu begegnen.
Wir alle haben Vorlieben und Abneigungen, empfinden bestimmte Verhaltensweisen oder Umgangsweisen mit Problemen als richtig oder falsch. Für Moderierende ist jedoch eine nicht wertende Haltung gegenüber allen Gruppenmitgliedern ganz entscheidend. Natürlich können wir nicht wissen, wie wir in einer bestimmten Situation reagieren oder uns fühlen werden. Wir können uns aber vor Beginn der eigenen Gruppe fragen, ob wir Menschen mit Auffassungen, die weit weg von den unseren sind, in gleicher Weise zugewandt und verständnisvoll gegenübertreten können wie Menschen, die unsere Vorstellungen teilen. Jeder in der Selbsthilfegruppe sollte sich in seiner Darstellung von Problemen und seinen Empfindungen beachtet fühlen. Empfehlungen oder Lösungsvorschläge von anderen sollten angenommen oder abgelehnt werden dürfen, ohne dafür verurteilt zu werden.
Das bedeutet nicht, dass Sie alle Ansichten oder Entscheidungen gutheißen müssen. Es ist aber wichtig, deutlich zu machen, dass jeder in dieser Gesprächsgruppe anders denken oder handeln darf, als Sie es tun würden. Nur so kann eine Atmosphäre entstehen, die gegenseitige Akzeptanz fördert.

Ihre Zeit und Ausdauer

Sie sollten realistisch einschätzen, ob Sie ausreichend Zeit für die Moderation Ihrer Gruppe aufbringen können. Zwei Stunden im Monat klingt zunächst nach nicht viel, doch vermutlich wird es bei diesen zwei Stunden nicht bleiben. Ein großer Teil der Verantwortlichkeit liegt bei Ihnen – die Gruppe sollte regelmäßig stattfinden, und zumindest am Anfang sollten Sie als Bezugsperson immer anwesend sein. Gerade in einer Selbsthilfegruppe sind der Beziehungsaspekt und die Kontinuität sehr bedeutsam.
Überlegen Sie sich, ob Sie Ihre Telefonnummer bekannt geben wollen oder Interessierte den Verband anrufen müssen, um etwas über die Gruppe zu erfahren. Die offizielle Nummer wählen zu müssen, kann demotivierend sein, weil vielfach besetzt ist und die Telefonzeiten begrenzt sind. Wenn Ihre Telefonnummer hingegen bekannt ist, können Mitglieder auch außerhalb der Sitzungen Rat bei Ihnen suchen. Sie könnten häufig angerufen werden. Entscheiden Sie vorher, ob Sie das

möglich machen wollen, und nennen Sie dann Wochentage oder Zeiträume, an denen Teilnehmende Sie telefonisch erreichen können. Gelegentlich wird es nötig sein, Referentinnen und Referenten anzusprechen, Räume für größere Veranstaltungen zu finden, Einladungen für diese zu verschicken und vor Ort Schilder aufzustellen. Hier kann es hilfreich sein, einen Ko-Moderierenden hinzuziehen, um sich diese Aufgaben aufzuteilen. Sie können auch die Gruppenmitglieder bitten, an der Organisation mitzuwirken. Die Erfahrung zeigt aber, dass Sie weiterhin die Hauptverantwortung tragen werden.
Gerade zu Beginn einer Gruppe benötigen Sie Ausdauer. Nicht immer finden sich umgehend ausreichend Mitglieder. In solch einer Situation sollten Sie durchhalten und Geduld aufbringen. Eine Initiative muss sich erst herumsprechen und Menschen den Mut aufbringen, dorthin zu kommen. Es liegt nicht an Ihnen, wenn sich die Gruppe erst langsam zusammenfindet!

Ihre Kraft, mit Leid umzugehen

In einer Selbsthilfegruppe sind Sie mit persönlichem Leid und schweren Krisen konfrontiert. Gerade weil Sie selbst ebenfalls betroffen sind, kann es schwerfallen, sich nicht unmittelbar in das Schicksal anderer hineinziehen zu lassen. Fragen Sie sich, ob Sie diese Balance zwischen Mitgefühl und der Fähigkeit, den fremden Kummer nicht zu dicht an sich herankommen zu lassen, aufbringen können. Nur wenn es Ihnen gelingt, die Probleme der anderen auch aus Distanz zu betrachten, können Sie gemeinsam mit der Gruppe Lösungsvorschläge finden.

Ihre Konfliktfähigkeit

Sind Sie ein Mensch, der konstruktiv mit Konflikten umgehen kann? In jeder Selbsthilfegruppe – auch wenn alle den Wunsch haben, sich gegenseitig zu unterstützen – wird es immer wieder zu Konflikten kommen. Niemand erwartet von Ihnen, ein ausgebildeter Konfliktcoach zu sein. Es ist aber hilfreich, sich vorher zu überlegen, wie Sie in Konfliktsituationen reagieren, was für Sie schwierig ist und über welche guten Problemlösungskompetenzen Sie verfügen (siehe Kapitel »Umgang mit Konflikten«, ab S. 82).

Ihr Fachwissen

Wenn Sie eine Selbsthilfegruppe moderieren wollen, gehört ein gewisses Fachwissen dazu. Erfahrung kann dieses nicht ersetzen. Außerdem: So wichtig Ihre persönliche Erfahrung ist, so birgt sie zugleich die Gefahr, nur von den eigenen Erlebnissen auszugehen und anzunehmen, dass es auch bei anderen so ist. Menschen machen aber unterschiedliche Erfahrungen und verarbeiten schwierige Situationen auf andere Weise.

Um beurteilen zu können, ob die Meinung eines Teilnehmenden auf Wissen basiert oder eine persönliche Überzeugung weitergibt, die nicht abgesichert ist, sollten Sie mit wissenschaftlichen Erkenntnissen vertraut sein. Das bedeutet nicht, dass Sie über das Fachwissen einer Psychiaterin oder eines Psychotherapeuten verfügen müssen. Sie sollten aber darauf hinweisen können, dass bestimmte Annahmen nicht belegt sind oder es zu bestimmten Ansichten unterschiedliche Auffassungen gibt. Fachbücher und -zeitschriften können hier eine gute Möglichkeit sein, um sich über aktuelle Entwicklungen zu informieren (siehe »Handbibliothek« ⤓). Ebenso ist es hilfreich, sich ein Basiswissen über Kommunikation, Gruppendynamik und den Umgang mit Konflikten anzueignen. Es gibt anschauliche und auch für den Laien gut lesbare Literatur dazu – und dieser Leitfaden bietet einen ersten Einstieg.

Zur fachlichem Kompetenz gehört es auch, sagen zu können, wenn Sie etwas nicht wissen. Weder Sie noch andere in der Gruppe können auf alles eine Antwort haben. In solchen Situationen können Sie anbieten, Informationen einzuholen oder Expertinnen und Experten für einen Fachvortrag einzuladen. Das Wissen, etwas nicht zu wissen, schützt vor Fehlinterpretationen und -informationen.

Supervision hilft!

Auch wenn Sie Ihr Vorhaben, eine Selbsthilfegruppe zu moderieren, hoch motiviert und mit den besten Vorsätzen angehen, wird es nicht ausbleiben, dass Sie selbst manchmal Fragen zu dem Geschehen in der Gruppe haben. Es kann entlastend sein, sich durch eine externe Supervision beraten zu lassen.

Eine Supervision ist keine Therapiesitzung, sondern hier können Moderierende unter der Anleitung eines Supervisors, z. B. einer Psychologin oder eines Psychotherapeuten, besprechen, welche Fragen sie hinsichtlich ihrer Gruppe haben. Gemeinsam kann reflektiert werden, wie man mit bestimmten Situationen umgehen könnte. Als Gruppe, über Ihren Verband oder auch selbstständig können Sie die Finanzierung einer regelmäßigen Supervision für Moderierende beantragen. Genaue Vorgaben finden Sie auf den Webseiten der Krankenkassen. Um tiefer in die Thematik einzusteigen, eignen sich Fortbildungen für Gruppenmoderierende, die von vielen Weiterbildungsträgern angeboten werden.

Was sind Ihre Aufgaben als Moderator?

Wenn Sie eine eigene Selbsthilfegruppe initiieren möchten, kommen viele Aufgaben auf Sie zu. Scheuen Sie sich nicht, andere Mitglieder einzubinden und sie darum zu bitten, auch einen Teil der Verantwortung zu übernehmen. Welche Aufgaben gibt es?

Sie sind Organisator

Als Gastgeberin oder Gastgeber sind Sie für die Organisation des Abends zuständig: Alle müssen wissen, wo sie hinsollen und wie der Abend ablaufen wird. Achten Sie darauf, dass der Abend pünktlich beginnt und beendet wird. Es ist wichtig, seine Gäste freundlich zu begrüßen und zu verabschieden und ein fester Ansprechpartner für alle Teilnehmenden zu sein. Auch die Organisation von Informationsveranstaltungen und Festen kann mitunter anstehen.
Solche Aufgaben lassen sich gut innerhalb der Gruppe aufteilen, aber meistens wird die Hauptverantwortung bei Ihnen bleiben. Sie können die Gruppe auch gemeinsam mit einer Ko-Moderatorin oder einem Ko-Moderator begleiten. Das hat viele Vorteile: Zu zweit können Sie besser auf die Bedürfnisse der Teilnehmenden eingehen und sich über das Gruppengeschehen austauschen. Sie wissen die Gruppe in guten Händen, wenn Sie selbst erkranken oder sich um ein erkranktes Familienmitglied kümmern müssen und daher verhindert sind. Das kann entlastend sein.
Sie können mit der Moderation auch rotieren, sodass jeder einmal die Moderation übernimmt. Auf diese Weise kommen alle Mitglieder

in die Situation, Verantwortung für das Gruppengeschehen zu übernehmen. Diese Erfahrung kann Dauerrednern oder Teilnehmenden, die sich wenig auf andere einstellen können und nur ihr Problem im Vordergrund sehen, bewusst machen, wie ein solches Verhalten die Gruppe stören kann. Auch kann es stärkend für das Selbstbewusstsein sein, einmal diese Verantwortung für die Gruppendiskussion zu übernehmen. Dies ist wichtig, um sich gegenüber Ärztinnen, Therapeuten, Sozialarbeitern und Ämtern – aber auch innerhalb der Familie – durchsetzen zu können.

Sie sind Gastgeber

Eine gute Gastgeberin oder ein guter Gastgeber ist um eine Atmosphäre bemüht, in der sich jeder sicher fühlt und seine Themen und Probleme ansprechen kann. Alle sollten zu Wort kommen und niemand die Gespräche dominieren. Behalten Sie den Überblick, und greifen Sie – wenn nötig – behutsam ein, um zu vermeiden, dass Redebeiträge zu ungleich verteilt sind. Wichtig ist: Die Moderierenden sollten immer weniger reden als die Teilnehmenden – Sie selbst sollten allenfalls 20 Prozent und die Teilnehmenden 80 Prozent der Redezeit haben.
Sie tragen auch die Verantwortung dafür, neu Hinzugekommene zu integrieren und in die Vorgehensweise und Gruppenregeln einzuführen. Damit es ein rundum gelungener Abend wird, sind Sie aber auch auf die Mithilfe Ihrer Gäste angewiesen. Sie könnten einen Teilnehmenden bitten, sich für die Neuen verantwortlich zu fühlen und ihre ersten Fragen zu beantworten.

Sie sind Motivator

Über die eigenen Gefühle und Probleme zu sprechen, erfordert oft Mut. Eine wichtige Aufgabe bei der Moderation ist es, die Teilnehmenden zu motivieren, offen ihre Gefühle auszusprechen, sich mit ihrer Situation auseinanderzusetzen, andere Sichtweisen anzuerkennen oder neue Verhaltensweisen im Umgang mit sich selbst oder ihrem erkrankten Familienmitglied auszuprobieren.
Für manche Teilnehmende geht es darum, bei entmutigenden Erlebnissen motiviert zu werden, dennoch ihren Weg zu einem guten Leben

zu finden oder das erkrankte Familienmitglied weiterhin liebevoll zu begleiten. Andere haben den Wunsch, sich gegen Institutionen oder auch einzelne Personen im psychiatrischen Bereich zur Wehr zu setzen. Betroffene und Angehörige müssen motiviert werden, sich nicht passiv ihrem Schicksal zu ergeben, sondern konstruktiv mit der Erkrankung umzugehen.

Sie sind Konfliktmoderator

Wenn Sie Konflikte beobachten oder auf angespannte Situationen angesprochen werden, sollten Sie die strittigen Themen und Gefühle offenlegen, bevor sie sich verfestigen. Es ist wichtig, dass dies in einer wertschätzenden und annehmbaren Form geschieht.
Ihre Aufgabe ist es nicht, einer Partei bei unterschiedlichen Ansichten recht zu geben. Als Moderatorin oder Moderator können Sie schnell in die Rolle gedrängt werden – oder sich drängen lassen –, »das letzte Wort zu haben«, also zu entscheiden, was richtig ist und was nicht. In einer Selbsthilfegruppe sind alle Teilnehmenden gleichberechtigt. Ihre Meinung und Ihre Erfahrung haben das gleiche Gewicht wie das der anderen Mitglieder – nicht mehr und nicht weniger. Zeigen Sie in solchen Situationen die unterschiedlichen Standpunkte zu einem Thema auf und dass diese auch so stehen bleiben können.
Wenn Streitigkeiten die Gruppe anhaltend stören, können Feedbackübungen (siehe S. 83) helfen. Eskaliert dennoch eine Situation, ist eine externe Mediation anzuregen.

Es geht los: Ablauf einer Selbsthilfegruppe

Nun geht es an die Planung der eigentlichen Selbsthilfegruppe. Blumen und Getränke auf dem Tisch können zu einer vertraulichen Atmosphäre beitragen. Planen Sie vor jeder Sitzung einen zeitlichen Puffer ein, um den Raum in Ruhe herrichten zu können.

Was müssen Sie vor Ort vorbereiten?

Die Gruppe sollte ungestört stattfinden können: Laute Gespräche auf dem Flur, die durch die Tür zu hören sind, Telefonate oder die Türklingel, für die immer wieder jemand den Raum verlassen muss, stören den Gruppenverlauf. Hereinstürzende Personen, die diese Institution ebenfalls nutzen, können für Unruhe sorgen. Nicht jede Störung kann verhindert werden, aber Sie sollten in der Gruppe besprechen, wie Sie bei Störungen von außen reagieren wollen. Eine Person aus der Gruppe kann z. B. dafür verantwortlich sein, sich schnell um das Telefon und die Türklingel zu kümmern.

Das Äußere eines Raums trägt zum Wohlbefinden der Teilnehmenden bei. Achten Sie daher auf ein freundliches und ordentliches Ambiente. Auch die Größe eines Raums spielt eine Rolle: Wenn sich viele Menschen in einem kleinen Raum einfinden müssen, kann das Unbehagen hervorrufen. Umgekehrt entsteht bei wenig Menschen in einem großen Seminarraum oft keine vertrauliche Atmosphäre. Die Teilnehmenden sollten um einen Tisch herum oder in einem Stuhlkreis sitzen, damit sie sich gegenseitig gut sehen können. Eine »Kinobestuhlung« ist für die Kommunikation nicht förderlich. Sorgen Sie im Vorfeld für ausreichend Stühle, sodass nicht erst nach Beginn des Treffens Stühle organisiert werden müssen oder ein Stuhl über die Köpfe der Teilnehmenden durchgereicht werden muss.

Wenn Sie Getränke anbieten wollen, sollten Gläser, Tassen, Wasser oder Tee bereits auf dem Tisch stehen, bevor die ersten Gruppenmitglieder eintreffen. Sie können Gebäck mitbringen, aber bedenken Sie, dass ein voller Mund und das ständige Herumreichen des Kekstellers von den Gesprächen ablenken können.

Die Teilnehmenden müssen den Raum schnell finden können: Bringen Sie gut sichtbar Schilder mit genauen Hinweisen am Gebäude und innerhalb des Gebäudes an, damit auch neue Mitglieder oder Personen, die für eine längere Zeit nicht an den Sitzungen teilnehmen konnten, Ihre Gruppe problemlos finden. Falls die Gesprächsgruppe in einer größeren Institution stattfindet, wie einem Bürogebäude oder Rathaus, hinterlassen Sie zusätzlich am Empfang einen Hinweis auf den Raum und bitten Sie darum, Interessierten den Weg zu weisen. Am Empfang können Sie auch Ihre Handynummer für Nachzügler hinterlegen. Wenn der Empfang nicht besetzt ist, die Sitzung aber in einem anderen Raum oder an einem anderen Ort stattfinden muss, sollten Sie vorher über eine Telefonkette oder eine Rundmail Ihre Handynummer durchgeben und alle über die Änderung informieren.

Was brauchen Sie für die Gruppensitzung?

Damit eine Sitzung reibungslos verläuft, dürfen einige Materialien nicht fehlen (siehe »Materialliste« ⤓). Zu diesen zählt die Teilnehmerliste ⤓, am besten haben Sie gleich mehrere Kopien dabei. Notieren Sie stets das aktuelle Datum auf der Teilnehmerliste. Wenn Ihre Gruppe gefördert wird, müssen Sie nachweisen können, dass Personen anwesend waren. Es ist auch hilfreich, einen Stapel der Einladungsschreiben ⤓ auszulegen, die von den Anwesenden an weitere Interessentinnen und Interessenten verteilt werden können. Wenn Sie an einen Verband angeschlossen sind, sollten Sie Informationsbroschüren für interessierte Gäste dabeihaben. Sie können ein Sparschwein für eine kleine Spende für Wasser, Tee oder auch Kopien und andere Materialien auf den Tisch stellen. Jeder kleine Beitrag ist willkommen!

Für die Moderation sollte ein Flipchart mit ausreichend Papier vorhanden sein, ebenso Filzstifte und Kartei- oder Metaplankarten, Tesakrepp, Pinnnadeln oder Reißzwecken, falls mit der Metaplanmethode gearbeitet werden soll. Keine Sorge, Sie sollen kein kompliziertes

Seminar durchführen. Inhalte prägen sich aber besser ein, wenn sie visuell festgehalten werden.
Nützlich ist auch ein Ordner mit Informationen für Angehörige oder Betroffene. Diese müssen nicht alle von Ihnen gesammelt werden, vieles ist sicher bereits in Ihrem Verein oder Verband vorrätig. Im Lauf der Zeit können von den Gruppenmitgliedern oder Referentinnen und Referenten nützliche Informationen hinzukommen. Adressen, Links, Telefonnummern, Broschüren, Vorträge oder Aufsätze, Gesetzestexte – alles sollte griffbereit sein, wenn ein Gruppenmitglied eine Frage hat. Sie sparen Zeit, wenn Sie die Person nicht erst auf die Zeit nach dem Seminar vertrösten müssen, um die Information herauszusuchen.

Das erste Treffen

Überspringen Sie diesen Abschnitt, wenn Sie sich sicher fühlen oder bereits Erfahrung mit einer Gruppenmoderation haben. Wenn Sie aber das erste Mal vor einer Gruppe stehen, kann es hilfreich sein, sich gut vorzubereiten. Nicht nur für Sie, auch für die Teilnehmenden ist es eine neue Situation – sie werden unsicher sein, was sie erwartet, wie man sich dort verhalten sollte, wie offen man sein darf und wie sie sich mit den anderen Teilnehmenden verstehen werden. Als Moderatorin oder Moderator gehört es zu Ihren Aufgaben, den anderen Sicherheit zu vermitteln.

Musterablauf: Das erste Treffen

17:45–18:00 Uhr Raum vorbereiten, Tee kochen, Materialien auslegen
18:00–18:15 Uhr Begrüßung der Teilnehmenden, Zielsetzung, Organisatorisches
18:15–18:45 Uhr Vorstellung der Teilnehmenden
18:45–19:15 Uhr Erwartungen klären, Themen sammeln und sortieren, Gruppenziele vereinbaren
19:15–19:50 Uhr Diskussion, evtl. Einstiegsfrage, dringende Probleme klären
19:50–20:00 Uhr Verabschiedung mit Abschiedsritual, z. B. Blitzlicht o. Ä.

Begrüßung und Einstieg

Zeigen Sie bei der Begrüßung, dass Sie sich über das Erscheinen der Teilnehmenden freuen. Falls es nur wenige sind, sagen Sie ihnen, dass auch die Arbeit in einer kleinen Gruppe sehr ertragreich sein kann. Eine Begrüßung mit »Schade, dass heute nur so wenige gekommen sind ...« ist für die Anwesenden nicht motivierend.
Stellen Sie sich nun der Gruppe vor. Erwähnen Sie ruhig, dass dieses die erste Gruppe ist, die Sie moderieren, und dass Sie daher etwas unsicher sind, aber darauf hoffen, gemeinsam ein positives Klima zu schaffen. Es ist hilfreich, für Ihre persönliche Vorstellung gleich die Struktur zu benutzen, an der sich die Teilnehmenden später orientieren sollen.

Vorstellung Moderierende (maximal fünf Minuten)

- Wer bin ich?
- Was ist meine Situation, und was macht mir im Moment am meisten zu schaffen?
- Was ist meine Motivation, diese Gruppe zu gründen?
- Was ist meine Erwartung an die Gruppe?

Anschließend erzählen Sie, was Sie sich für das erste Treffen überlegt haben und wie die Gruppe ablaufen soll. Nennen Sie Themen und Vorgehensweisen für eine Selbsthilfegruppe, die aus Ihrer Sicht oder Erfahrung wichtig sind, und Aspekte, über die gemeinsam entschieden werden sollte.

Vorstellung in der Gesamtgruppe

Jetzt sind die Teilnehmenden an der Reihe. Bei einer Gruppengröße von bis zu sechs Personen können sie nacheinander ihre Situation und Geschichte darlegen. Wenn es einen großen Erzählbedarf gibt, kann die gesamte erste Sitzung dazu genutzt werden. Eine vorgegebene Struktur macht die Vorstellungsrunde für alle angenehmer. Sie können Fragen an ein Flipchart schreiben (siehe Kasten S. 43), an denen sich die Teilnehmenden orientieren sollen. Weisen Sie darauf hin, dass es hier vorwiegend um die heutige Situation und aktuelle Fragen gehen soll und nicht um die letzten fünf, zehn oder auch zwanzig Jahre.

Vorstellungsrunde Teilnehmende

- Wer bin ich?
- Wie ist meine aktuelle Situation?
- Was ist das Schwierigste an meiner gegenwärtigen Situation?
- Welches sind meine Erwartungen und Wünsche an die Gruppe?

Erfahrungsgemäß kann es ausufern, wenn jeder ausführlich seine Geschichte erzählen will. Wenn Sie die Vorstellungsrunde schneller über die Bühne bringen und gleich in die Thematik einsteigen möchten, sollten Sie sich an eine feste Zeit halten, z. B. an drei bis fünf Minuten pro Person. Ich empfehle diese Variante. Sollten Teilnehmende irritiert sein, begründen Sie es damit, dass die Konzentrationsfähigkeit eines Menschen begrenzt ist. Es kann überfordern und ermüdend sein, sich eine Stunde lang auf die Geschichten anderer zu konzentrieren.

Viele Angehörige oder Betroffene bringen tragische Geschichten mit. Es ist verständlich, dass oft das Bedürfnis besteht, die eigene Situation ausführlich darzustellen. Deswegen ist es besonders wichtig, deutlich zu machen, dass jeder immer wieder die Gelegenheit erhalten wird, detailliert über seine Situation zu berichten. Beim ersten Treffen gehe es aber vor allem um das gegenseitige Kennenlernen und eine kurze Bestandsaufnahme.

Während der Vorstellung können Sie bereits die Wünsche und Erwartungen der Teilnehmenden am Flipchart sammeln. Befestigen Sie in diesem Fall das Blatt mit den Orientierungsfragen an einer Wand, damit die Teilnehmenden weiterhin einen Blick auf diese werfen können. Fragen Sie anschließend, ob Sie alles richtig verstanden haben oder ob jemand noch etwas ergänzen möchte.

Vorstellung in Zweiergruppen

Wenn Ihre Gruppe aus vielen Mitgliedern besteht, ist oft nicht genügend Zeit, sich nacheinander in der Gruppe vorzustellen. Hier bietet sich ein Kennenlernen in Zweiergruppen an. Bitten Sie die Teilnehmenden, sich einen Partner zu suchen und sich diesem gegenüberzusetzen. Eine Person fängt an und erzählt der anderen etwas über sich. Dabei orientiert sie sich an den Fragen auf dem Flipchart. Nach fünf bis zehn Minuten – geben Sie hier bitte die

Zeit vor – wird gewechselt und die zweite Person beginnt mit ihrer Vorstellung.
Jede Zweiergruppe schreibt ihre Erwartungen und Wünsche an die Gruppe auf eine Karteikarte. Die Teilnehmenden haben dann zwar nicht alle aus der Gruppe kennengelernt – das ist anfangs auch nicht wichtig –, sie konnten aber ihre Geschichte ausführlicher erzählen, ohne das gleich vor allen tun zu müssen. Dies hat den Vorteil, dass sie sich nur auf eine Person konzentrieren müssen. Es ist auch leichter, sich vor einer Person zu öffnen als direkt vor der ganzen Gruppe. Die anderen Teilnehmenden werden sie in den weiteren Sitzungen kennenlernen.
Diese Übung nimmt maximal zwanzig Minuten in Anspruch. Jede Zweiergruppe nennt anschließend ihre notierten Wünsche und Erwartungen, die Sie auf dem Flipchart festhalten können. Wenn Sie so vorgehen, bleibt ausreichend Zeit für die eigentliche Gruppendiskussion.

Alternative: Vorstellung und Erwartungen trennen

Eine dritte Möglichkeit ist es, das Kennenlernen von der Klärung der Erwartungen zu trennen. Sie können die Teilnehmenden bitten, zunächst nur etwas über sich – z.B. über ihre Situation mit einem erkrankten Angehörigen oder ihre eigene Diagnose – zu erzählen. In einem zweiten Schritt wird nach den Erwartungen an die Gruppe und drängenden Problemen gefragt. In einer kleineren Gruppe mit maximal sechs Personen kann dies wieder der Reihe nach geschehen. In einer größeren Gruppe ist es geschickter, die Metaplanmethode zu nutzen. Alle Teilnehmenden erhalten hierfür drei farbige Karten und einen Filzstift. Bitten Sie sie, in Druckschrift und möglichst leserlich eine Erwartung auf jedes Kärtchen zu schreiben. Anschließend werden die Karten an einer Wand befestigt oder an das Flipchart gepinnt und nach Häufigkeiten sortiert.
Jeder Teilnehmende hat eine ganz eigene Erwartung an die Gruppe. Selbst wenn alle Angehörige oder Betroffene sind, kann doch die Ausgangssituation vielfältig sein: Manche kommen, weil die Erkrankung gerade bei einem Angehörigen ausgebrochen ist und sie Informationen brauchen. Andere wollen sich über ihre Erkrankung austauschen. Weitere haben bereits langjährige Erfahrungen mit der Erkrankung und

suchen emotionale Unterstützung durch Personen in ähnlichen Situationen. Auch ein gemeinsamer Kampf für mehr Rechte für Betroffene oder Angehörige kann eine Motivation sein, eine Selbsthilfegruppe zu besuchen. Wenn die unterschiedlichen Erwartungen nicht geklärt und berücksichtigt werden, kann das zu Unzufriedenheit führen.

Mögliche Erwartungen von Teilnehmenden

- Ich erhoffe mir mehr Informationen über die Erkrankung.
- Ich erhoffe mir Informationen über Ansprechpartner und Institutionen, die mir oder meinem Angehörigen helfen können.
- Ich suche Lösungen und ein Netzwerk für Krisensituationen.
- Ich möchte mehr darüber erfahren, wie ich mit meinem Angehörigen umgehen soll.
- Ich möchte angemessene Bewältigungsstrategien für mich lernen.
- Ich möchte mich aussprechen, suche Verständnis für meine Situation.
- Ich möchte anderen helfen.
- Ich suche Kontakte, weil mich die Erkrankung meines Angehörigen isoliert hat.
- Ich möchte gemeinsam politische Ziele durchsetzen.

Unterschiedliche Erwartungen sind kein Grund, wieso eine Gruppe nicht erfolgreich miteinander arbeiten kann. Es ist aber wichtig, auf diese hinzuweisen, um Enttäuschung zu vermeiden. Wer eher Fachinformationen sucht, wird vermutlich unzufrieden, wenn andere ständig ausführlich von ihren schwierigen Erfahrungen berichten wollen. Wer vor allem soziale Kontakte sucht, fühlt sich nicht aufgehoben, wenn ständig die Vor- und Nachteile von Psychopharmaka diskutiert werden. Sie könnten vorschlagen, dass abwechselnd Fachabende und Treffen, die unter dem Motto »Wir über uns« stehen, stattfinden.

Keine Selbsthilfegruppe kann die Erwartungen aller erfüllen. Sie können aber gemeinsam besprechen, welche Themen Ihnen besonders am Herzen liegen und wie alle von der Gruppe profitieren können. Manchmal stellen Teilnehmende auch fest, dass sie zwar mit anderen Vorstellungen gekommen sind, sich aber durchaus den Erwartungen der anderen anschließen können. Sie können auch auf weitere Möglichkeiten hinweisen, wie auf Einzelberatungen in einem Verband oder in einer Klinik.

Abschlussrunde

Die Abschlussrunde sollte nicht zwischen Tür und Angel stattfinden. Nehmen Sie sich ausreichend Zeit, um die Situation und die Erwartungen der Teilnehmenden noch einmal kurz zusammenzufassen.

Mögliche Abschlussworte

- »Wir sind hier eine Gruppe, in der vorwiegend erfahrene Angehörige sind. Die meisten von uns haben Angehörige, Kinder oder Lebenspartner, mit einer schizoaffektiven Erkrankung, aber es gibt auch die Erfahrung mit depressiven Angehörigen.«
- »Es gibt hier Erfahrungen mit unterschiedlichen Diagnosen, mit dem psychiatrischen System, der Unterstützung durch die Familie.«
- »Es scheint so, als ob die Mehrheit besonders unter ... leidet. Die Erwartungen richten sich besonders auf ...«
- »Ich schlage vor, dass wir einfach mit der Diskussion beginnen und dann immer wieder entscheiden, wie wir weiter vorgehen wollen.«
- »Ich schlage vor, dass wir abwechselnd über persönliche Probleme reden und Fachinformationen einholen.«
- »Wir könnten unsere persönlichen Themen in den Vordergrund stellen und parallel eine Reihe von Fachvorträgen mit Dozenten von der nahe gelegenen Klinik organisieren.«

Nun können Sie den Anwesenden für ihre Offenheit danken. Betonen Sie noch einmal, dass jede Sorge in dieser Gruppe angehört werden wird. Bitten Sie sie auch um Geduld, wenn einmal Fragen besprochen werden sollten, die ihnen bereits vertraut sind. Sie können auch ein kurzes Abschiedsritual einführen. Jeder könnte reihum kurz erzählen, wie ihm die Stunde gefallen hat. Alle sollten die Gruppe mit einem guten Gefühl verlassen.

Struktur oder keine Struktur?

Wenn Sie sich über eine Selbsthilfegruppe informieren, werden Sie immer wieder auf die Frage stoßen, ob eine Struktur hilfreich ist oder der Gruppendynamik ihren Lauf gelassen werden soll. Sie selbst werden mit der Zeit einen Weg finden, der zu Ihnen und Ihrer Gruppe passt.

Wenn Sie ohne Struktur gut zurechtkommen, spricht nichts dagegen, es beizubehalten.
Dennoch kann ein Mangel an Struktur oder Regeln ein Konfliktpotenzial in sich bergen. Oft wird postuliert, es regele sich alles von selbst: »Jeder redet, wenn er möchte.« Aber wenn *jeder* gleichzeitig möchte? Nicht immer gelingt es Menschen, rücksichtsvoll zu sein, wenn sie in ihrem Kummer vollkommen auf sich konzentriert sind – Trauer kann egoistisch machen. Es kann die Situation entstehen, dass sich Teilnehmende gegenseitig ins Wort fallen. Manche Menschen sind extrovertiert, andere eher introvertiert, es gibt in der Gruppe selbstbewusste Menschen und andere, denen es nicht leichtfällt, sich einzubringen. Ohne »Spielregeln« kann das schnell dazu führen, dass das Recht des Stärkeren herrscht: Weniger selbstbewusste Personen kommen selten zu Wort und die Stimmung wird von einer Person oder Gruppe dominiert. Es können sich Unzufriedenheit, Missverständnisse oder gar Konflikte bilden.
Natürlich sind Regeln nicht in Beton gegossen, sie können immer wieder ergänzt oder verändert werden. Wenn Sie Spielregeln einführen möchten, gibt es zwei Möglichkeiten, diese aufzustellen. Sie können einen Flipchartbogen mitbringen, auf dem Sie bereits Kommunikationsregeln notiert haben, die aus Ihrer Sicht wichtig sind. Erläutern Sie die Gründe und erkundigen Sie sich dann bei den Teilnehmenden, ob sie mit diesen Regeln einverstanden sind oder jemand etwas ergänzen oder abändern möchte. Sie können aber auch mithilfe eines Brainstormings festhalten, welche Dinge allen Mitgliedern wichtig sind. Stellen Sie dann gemeinsam Regeln auf und notieren Sie diese wieder auf dem Flipchart. Erfahrungsgemäß werden Vereinbarungen eher eingehalten, wenn sie gemeinsam erarbeitet wurden. Denken Sie daran, neue Mitglieder über die Regeln zu informieren – das Blatt mit den Kommunikationsregeln sollte immer griffbereit sein.
Bei beiden Möglichkeiten gilt: Spielregeln sollen nicht die Spontaneität der Teilnehmenden einschränken, sondern dafür sorgen, dass sich alle in einer Gruppe aufgehoben fühlen. Wenn jemand Bedenken hat oder mit einer Regel nicht einverstanden ist, suchen Sie in der Gruppe nach einem Kompromiss. Jeder sollte die Möglichkeit haben, seine Wünsche oder Unzufriedenheit zu zeigen.
Nicht immer wird es leichtfallen, sich an die Regeln zu halten. Für einige wird es schwierig sein, sich in der Redezeit zu begrenzen, andere

Menschen zu Wort kommen zu lassen oder auch abweichende Meinungen stehen zu lassen. So verständlich der Wunsch, sich mitzuteilen, auch ist, es sollte sich aber niemand benachteiligt fühlen.
Im Folgenden werden Spielregeln vorgestellt, die sich als hilfreich erwiesen haben und eine wertschätzende Kommunikation fördern (siehe auch Arbeitsblatt »Spielregeln für eine wertschätzende Kommunikation« ⤓). Auch hier gilt wieder: Es ist nur als Anregung gedacht. Vertrauen Sie darauf, dass Sie einen guten Umgang miteinander finden werden.

Vertraulichkeit

In einer Selbsthilfegruppe werden sehr persönliche Dinge besprochen. Alle müssen sicher sein können, dass nichts aus der Gruppe herausgetragen wird. Auch in der besten Absicht dürfen keine Inhalte ohne das Einverständnis der jeweiligen Person nach außen dringen.

Verbindlichkeit

Alle Teilnehmenden sollten versuchen, *möglichst* pünktlich zur Gruppe zu erscheinen. Das bedeutet, etwas früher da zu sein, damit die Gruppe auch um Punkt 18:00 Uhr beginnen kann. Es ist störend, wenn ein Gespräch immer wieder durch die Türklingel und das Öffnen der Tür unterbrochen wird. Auch ein pünktliches Ende ist wichtig. Manche Teilnehmende haben anschließend noch weitere Verpflichtungen und werden unkonzentriert, wenn sie befürchten müssen, nicht rechtzeitig loszukommen. Andere sind auf Verkehrsverbindungen angewiesen.
Wenn jemand nicht pünktlich erscheinen kann oder früher gehen muss, sollte dies zu Beginn einer Sitzung kurz erwähnt werden. Auch wer einen Termin ausfallen lassen muss oder gar nicht mehr zu der Gruppe kommen möchte, sollte das den anderen mitteilen, anderenfalls kann ein unbehagliches Gefühl entstehen. Dennoch sollten Sie beim Thema Pünktlichkeit tolerant sein: Falls es jemand nicht rechtzeitig schafft, gehen Sie davon aus, dass es einen guten Grund dafür gibt – bitte keine strengen Blicke in Richtung des Zuspätkommenden!

Keine Monologe und Exklusivdialoge

Auch wenn die Teilnehmenden zu einer Selbsthilfegruppe kommen, um sich aussprechen zu können, ist es doch im Interesse aller wichtig, sich auf eine Redezeitbegrenzung zu einigen. Begründen Sie dies damit, dass alle zu Wort kommen wollen und es daher manchmal erforderlich sein kann, sich kurzzufassen. Scheuen Sie sich nicht, einzugreifen und behutsam auf die Redezeit hinzuweisen.
Wenn die Diskussion sehr intensiv wird, kann es sinnvoll sein, eine Redeliste zu führen. Manchen mag das bürokratisch vorkommen, aber so können Sie Monologe oder Exklusivdialoge verhindern, bei denen eine Person das Wort an sich reißt oder sich zwei Personen ineinander verhaken und keinem anderen mehr die Möglichkeit lassen, etwas zu sagen.

Möglichst ausreden lassen

Auch bei dieser Regel ist Fingerspitzengefühl gefragt. Die Gruppenmitglieder sollten ausreden dürfen, aber sollten auch an die Zeit erinnert werden, wenn sie kein Ende finden können. Ein spontaner Einfall, der zum Thema passt, sollte nicht mit einem bissigen »Lassen Sie mich bitte ausreden!« gerügt werden. Wenn eine Person allerdings anderen ständig ins Wort fällt oder ihnen das Wort mit einem »Das stimmt ja gar nicht!« oder »Das ist falsch ...!« abschneidet, sollten Sie an die Regel erinnern.

Kein Redezwang

Es gilt oft als unausgesprochene Regel in Selbsthilfegruppen: Jeder *kann*, niemand *muss* etwas sagen. Aber *kann* wirklich jeder? Spontane, extrovertierte Menschen neigen dazu, häufig zu reden, insbesondere, wenn gerade ein Schweigen entsteht. Introvertierten Menschen fällt es hingegen oft schwer, sich spontan einzubringen. Sie brauchen Zeit und vor allem Ruhe, bevor sie etwas sagen. Das kann sie in lebhaften Gesprächen benachteiligen.
Um dies zu vermeiden, könnten Sie ab und zu zurückhaltende Personen stärker in ein Gespräch einbinden und um ihre Meinung bitten. Einigen Menschen hilft es, wenn sie freundlich ermutigt werden, sich

am Gespräch zu beteiligen. Sie können die Gruppe zu Beginn darauf hinweisen, dass es keine Nötigung sein soll, etwas zu sagen, sondern eine Hilfestellung. Wenn einzelne Teilnehmende dauerhaft nicht zu Wort kommen, werden die anderen nicht erfahren, welche Sorgen diese Menschen in die Gruppe geführt und welche Meinung sie zu den angesprochenen Themen haben. Außerdem kann Unzufriedenheit entstehen, und Teilnehmende können sich entschließen, nicht mehr zu den Treffen zu kommen. Suchen Sie in der Gruppe nach einem Weg, um beiden »Typen« gerecht zu werden. Beide haben hier Lernbedarf: Die Extrovertierten könnten sich manchmal etwas zurücknehmen und den Introvertierten genügend Raum geben, sich äußern zu können. Umgekehrt könnten die Introvertierten versuchen, deutlich um Rede- oder Bedenkzeit zu bitten.

Natürlich gibt es immer auch Menschen, denen es reicht, in so einer Runde einfach dabeizusitzen. Aber gehen Sie davon aus, dass die meisten, die kommen, auch wenigstens ab und zu etwas beitragen möchten.

Nur einer sollte reden

Jeder in der Gruppe darf alle seine Gedanken äußern, es sei denn, er tut das in einer Art und Weise, die anderen Gruppenmitgliedern gegenüber verletzend ist. Doch es kann nicht jeder immer alles genau dann sagen, *wann* er es will. Wenn mehrere Personen gleichzeitig reden, ist es schwierig, den Gesprächen zu folgen, und die Redenden werden nicht mehr verstanden. Auch kann der bereits sprechenden Person der rote Faden verloren gehen. Manche sind irritiert, weil jemand ein Seitengespräch führt, andere fühlen sich missachtet. Bitten Sie die Teilnehmenden daher, sich Notizen zu machen, wenn ihnen etwas Wichtiges durch den Kopf geht, um später darauf zurückzukommen. Wenn diese Selbstdisziplinierung nicht funktioniert, ist es die Aufgabe der Moderierenden, freundlich, aber bestimmt einzugreifen.

Kurze Seitenbemerkungen sind hingegen erlaubt. Manchmal muss jemand schnell einen Gedanken loswerden, um sich weiter konzentrieren zu können. Wenn aber anhaltend mit dem Sitznachbarn »getuschelt« wird, kann die sprechende Person das Gefühl haben, dass sie kritisiert oder ihr Beitrag als unwichtig erachtet wird. Hier sollten Sie behutsam einschreiten und an die Regel erinnern.

Unbehagen darf geäußert werden

Wem es zu kalt oder zu stickig ist oder wer den anderen akustisch nicht verstehen kann, darf in ein laufendes Gespräch eingreifen, weil er sich sonst nicht mehr konzentrieren kann. Jeder darf auch spontan darum bitten, etwas »loszuwerden«. Manchmal sind es Kleinigkeiten, die schnell behoben werden können, anderenfalls jedoch dazu führen, dass die Person abschaltet.

Auch wenn eine Person über einen Beitrag unzufrieden ist, sich über jemanden aus der Gruppe oder ein Thema ärgert, sollte ihr Raum gegeben werden, ihren Unmut zu äußern, bevor sich dieser aufstaut. Sie selbst sollten dann aber nicht spontan das Gesagte kommentieren, sondern die Gruppe um ihre Meinung bitten. Wenn jemand z. B. ungehalten sagt: »Ich finde, wir reden jetzt schon viel zu lange über dieses Thema!«, dann fragen Sie die anderen Teilnehmenden, ob sie diese Meinung teilen. Wenn die Gruppe gern weiter über das Thema sprechen will, sollten Sie das auch zulassen. Sie könnten aber vorschlagen, dass Sie jetzt noch 10 oder 15 Minuten über dieses Thema reden und dann zum nächsten Punkt übergehen. Die Unzufriedenheit einer Person sollte nicht dazu führen, dass alle anderen sich danach richten müssen. Wenn es sich allerdings um ein wichtiges Thema oder eine deutliche Unzufriedenheit handelt, sollten Sie die anderen fragen, ob sie sich sofort oder am Ende der Sitzung 15 Minuten Zeit für dieses Thema nehmen wollen oder in der nächsten Sitzung gleich damit beginnen möchten. Gerade bei Unzufriedenheit können Feedbackübungen (siehe S. 83) hilfreich sein.

Wenn ein Mitglied eine Person aus der Gruppe kritisiert, sollten Sie darauf achten, dass die Kritik nie verletzend, sondern immer wertschätzend vorgetragen wird. Auch hier ist wieder viel Fingerspitzengefühl gefragt. Nicht immer löst sich ein Konflikt einfach auf, wenn man nur darüber redet. Auch ein methodisches Rüstzeug ist nützlich, um Konflikte so zu bearbeiten, dass die Gruppe nicht daran auseinanderbricht (siehe Kapitel »Umgang mit Konflikten«, ab S. 82).

Jeder trägt zum Gruppenerfolg bei

Machen Sie sich und den Teilnehmenden bewusst, dass Sie als Moderatorin oder Moderator nicht allein verantwortlich für den Erfolg der Gruppe sind, sondern ein jeder dazu beiträgt. Eine Selbsthilfegruppe lebt von den Erfahrungen jedes Einzelnen, seinen Beiträgen, aber auch von der Unterstützung und Rücksicht, die sich die Gruppenmitglieder gegenseitig zukommen lassen. Niemand kann verlangen, dass die eigenen Wünsche und Bedürfnisse immer erkannt und erfüllt werden. Aber jedes Mitglied sollte auch in schwierigen Zeiten darauf vertrauen können, dass es von den anderen Mitgliedern angehört und aufgefangen wird.

Auch einmal etwas Freundliches sagen!

Es kann durchaus förderlich für die Atmosphäre und die Gruppendiskussion sein, wenn sich Teilnehmende gegenseitig positiv bestärken und einander freundliche Worte schenken. Menschen neigen dazu, schnell zu kritisieren, wenn ihnen etwas nicht gefällt oder sie nicht einverstanden sind. Viel zu selten wird einer Person gesagt, dass ihr Beitrag gut gefallen hat, dass sie eine gute Idee hatte oder ihre Worte als tröstlich oder ermutigend empfunden wurden. Ermuntern Sie die Teilnehmenden zu positivem Feedback!

Reguläre Treffen

Die erste Hürde ist geschafft, eine Gruppe hat sich gefunden und es stehen weitere Treffen an. Im Lauf der Zeit werden Sie Ihre eigene Form der Begrüßung und des Einstiegs in die Gruppendiskussion entwickelt haben. Bei jedem Treffen ist es wichtig, dafür zu sorgen, dass sich die Teilnehmenden von ihren Alltagsproblemen lösen und sich auf die Gruppe einstellen können.

Musterablauf: Reguläre Treffen

17:45–18:00 Uhr Raum vorbereiten, Tee kochen, Materialien auslegen
18:00–18:15 Uhr Begrüßung, evtl. Begrüßungsritual
18:15–18:20 Uhr Evtl. über Tagungen, Abwesenheiten etc. informieren
18:20–19:50 Uhr Einstiegsfrage, evtl. dringliche Probleme besprechen, anschließend: Diskussion, Aufgaben verteilen
19:50–20:00 Uhr Verabschiedung mit Abschiedsritual, z.B. Blitzlicht o.Ä.

Einstieg und Diskussion

Wenn neue Mitglieder hinzukommen, sollten Sie diese zunächst begrüßen und willkommen heißen. Geben Sie ihnen die Möglichkeit, kurz (maximal fünf Minuten) über ihre Situation und Motivation zu berichten. Erklären Sie ihnen dann in wenigen Worten, wie Sie in der Gruppe vorgehen. Es ist hilfreich, ein Blatt mit den Gruppenregeln zu verteilen.

Eine Person wird sich schneller in eine bestehende Gruppe integrieren können, wenn sie eine feste Ansprechperson hat, die sie in der Anfangszeit unterstützt. Sie könnten die Teilnehmenden fragen, ob sich jemand um neue Mitglieder kümmern möchte. Diese Person kann sich außerhalb der Gruppe mit dem neuen Mitglied treffen und ihm die Möglichkeit geben, ausführlicher von sich zu berichten. Gleichzeitig erfährt das neue Mitglied mehr über die Gruppe und Vorgehensweise.

Bevor Sie in die Thematik einsteigen, sollten Sie sich bei den Teilnehmenden erkundigen, ob jemand noch etwas zur letzten Sitzung loswerden möchte, das er in der Zwischenzeit nicht aus dem Kopf bekommen konnte. Das erleichtert den Einstieg, denn so wird nichts außerhalb der Sitzungen hinter dem Rücken mancher Mitglieder besprochen. Dann könnten Sie noch einmal kurz die Diskussion oder Stimmung beim letzten Treffen aufgreifen. Auch für neue Mitglieder ist das hilfreich, weil sie sich so besser in die Gruppe und den Diskussionsstand einfinden.

Mögliche Einstiegsworte

- »Möchte jemand zu Beginn noch etwas zur letzten Sitzung loswerden?«
- »Das letzte Mal stand im Vordergrund ...«
- »In der letzten Sitzung haben wir vor allem ... besprochen. Offen geblieben ist noch ...«
- »In der letzten Sitzung hatte ... das Problem ..., hat sich das inzwischen lösen können?«
- »Hat jemand etwas erlebt, von dem er berichten will?«

Jetzt können sich alle Teilnehmende zu Wort melden. Gemeinsam können sie entscheiden, ob eine Person mit einem drängenden Thema Vorrang hat. Vielleicht haben gleich mehrere Mitglieder etwas Schwieriges zu berichten. Dann sollten sie besprechen, welches Bedürfnis Vorrang haben soll oder wie viel Zeit sie einer Person zugestehen. Alle Mitglieder in einer Selbsthilfegruppe werden das Bedürfnis haben, sich mitzuteilen – deshalb kommen sie in die Gruppe. Ermutigen Sie die Teilnehmenden auch, von etwas Positivem, von Fortschritten oder Erfolgen zu berichten, das tut allen gut!
Bei besonders dringlichen oder schwierigen Fragen können Sie sich erkundigen, ob jemand aus der Gruppe im Anschluss telefonisch Hilfe leisten kann. In jeder Gruppe gibt es »Expertinnen und Experten« zu bestimmten Themen. Moderieren Sie dann die Diskussion und beachten Sie behutsam die vereinbarten Spielregeln.

Ausklang und Abschluss

Nicht nur ein motivierender Anfang ist bedeutsam, Sie sollten auch für einen ruhigen Ausklang sorgen. Fragen Sie die Person, die besonders belastet ankam, wie es ihr jetzt geht. Die Gruppe sollte nicht gehetzt auseinandergehen, damit die gute oder tröstliche Stimmung, die hoffentlich entstanden ist, noch einige Zeit bewahrt wird. Nehmen Sie sich hierfür noch etwa zehn Minuten Zeit, bevor die Gruppe endet. Sie könnten eine Blitzlichtrunde starten, in der nacheinander jedes Mitglied kurz beschreibt, wie es ihm in genau diesem Moment geht. Auch hier bitte eine Zeit vorgeben – zwei Minuten –, damit auch alle zu Wort kommen. Bei dieser »Blitzlichtrunde« werden die Äußerungen der Teilnehmenden nicht kommentiert, sondern nur von allen aufgenommen.

Nun verabschieden Sie sich von den Teilnehmenden und nennen den Termin des nächsten Treffens.

Mögliche Einleitungsfragen für die Blitzlichtrunde

- »Wie geht es Ihnen jetzt?«
- »Was haben Sie von der heutigen Sitzung mitgenommen?«
- »Was war für Sie das Wichtigste bei der heutigen Diskussion?«
- »Mit welchem Gefühl gehen Sie jetzt nach Hause?«

Themenabende mit Referenten

Manchmal ergeben sich innerhalb einer Gruppe Fragen, die nicht zufriedenstellend beantwortet werden können. In solchen Situationen ist es hilfreich, Referentinnen und Referenten zu Fachabenden einzuladen.

Mögliche Inhalte für Themenabende

- Wie entsteht eine psychische Erkrankung, wie ist der Stand der Forschung?
- Wie wirken Psychopharmaka? Welche Alternativen gibt es?
- Welche Psychotherapien gibt es?
- Welche juristischen Grundlagen sind wichtig?
- Welche Rehabilitationsmöglichkeiten gibt es?
- Welche Erkenntnisse gibt es in der Trauma- oder auch Trauerverarbeitung?
- In welchen Gremien in Ihrer Region werden politische Entscheidungen getroffen, die für Ihre Gruppe von Bedeutung sind?
- Welche Institutionen des Gesundheitswesens sind wichtig?
- Wie verhält es sich mit dem Betreuungsrecht, der Patientenverfügung etc.?

Sie werden ohne viel Mühe Fachpersonen finden, die Ihnen zu wichtigen Themen Auskunft geben. Nach meiner Erfahrung sind viele Menschen gerne dazu bereit, auch ohne Honorar über ihr Aufgabengebiet zu berichten. Sie haben aber auch die Möglichkeit, Gelder für Selbsthilfegruppen zu akquirieren, um den Referentinnen und Referenten ein kleines Honorar zahlen zu können.
Neben der Wissensvermittlung haben Expertenvorträge noch weitere Vorteile: Nicht nur die Gruppenmitglieder erhalten Informationen,

sondern auch die Expertinnen und Experten können von den Erfahrungen der Mitglieder lernen. Die Teilnehmenden können sie auf Missstände aufmerksam machen und einen direkten Ansprechpartner gewinnen, wenn ein konkretes Problem ansteht. Manchmal führen die Kontakte auch dazu, dass ein Gruppenmitglied als »Expertin oder Experte der eigenen Situation« in Fach- oder Behördenkreisen eingeladen wird, um von den praktischen Schwierigkeiten bei der Suche nach Unterstützung zu berichten.

Mögliche Referentinnen und Referenten für Expertenvorträge

- Mitarbeiter aus Kliniken, niedergelassene Ärztinnen, Therapeuten, wissenschaftliche Mitarbeiter an Hochschulen
- Mitarbeiter aus Wohnprojekten und Arbeitsstätten für psychisch erkrankte Menschen
- Mitarbeiter von medizinischen oder sozialpsychiatrischen Diensten, des Notfalldienstes, des Krisendienstes
- Mitarbeiter von Ämtern und Behörden, z.B. von der Gesundheitsbehörde oder Arbeitsagentur
- Amtsträger aus Politik und Verwaltung
- Mitarbeiter von Krankenkassen, Rentenversicherungen, Wohlfahrtsverbänden
- Notare, Rechtsanwälte, Vormundschaftsrichter

Bei Fachvorträgen empfiehlt es sich, vorab in der Gruppe Fragen zu sammeln und sie den Referentinnen und Referenten zukommen zu lassen. Meistens sind diese froh darüber, weil sie ihren Vortrag dann auf die Bedürfnisse der Teilnehmenden ausrichten können. Ansonsten kann sich ein ausführlicher Folienvortrag über die allgemeine Wirkweise von Psychopharmaka in die Länge ziehen, wenn Teilnehmende konkrete Fragen zu Medikamenten für bestimmte Diagnosen haben. Ebenso ist ein Vortrag über die Grundlagen des Betreuungsrechts wenig interessant, wenn Eltern vor allem wissen wollen, ob die rechtliche Betreuerin oder der rechtliche Betreuer mit ihnen reden muss oder nicht.

Am Vortragsabend selbst bleiben Sie weiterhin für die Moderation verantwortlich. Zunächst sollten Sie die Fachpersonen der Gruppe und die Gruppe den Fachpersonen vorstellen. Berichten Sie kurz, weshalb die Gruppe an diesem Thema interessiert ist, und geben Sie

den Referentinnen und Referenten einen Zeitrahmen für ihren Vortrag vor, der noch genügend Raum für die Diskussion lässt.
Nach diesen Expertenvorträgen ist eine gute Moderation besonders gefragt. Viele Teilnehmende wollen die Gelegenheit nutzen, um ihre persönliche Geschichte detailliert vor den Fachpersonen auszubreiten. Gleichzeitig nehmen sie damit aber den anderen die Möglichkeit, selbst Fragen zu stellen. Bitten Sie Ihre Gruppe um Verständnis, dass Sie eine Redeliste führen, um möglichst viele Fragen zuzulassen. Scheuen Sie sich nicht, Mitglieder daran zu erinnern, dass sie im Interesse aller Fragen stellen und nicht ihre Geschichte ausführlich darlegen sollen.

Öffentlich oder nur für die Gruppe?

Ein spannendes Thema kann auch für eine größere Öffentlichkeit interessant sein. Wenn Sie den Abend für ein breiteres Publikum öffnen, werden nicht nur mehr Menschen informiert, sondern Sie gewinnen vielleicht auch Interessentinnen und Interessenten für Ihre Selbsthilfegruppe oder Ihren Verein. Auf der anderen Seite können Gruppenmitglieder in ihrer Möglichkeit eingeschränkt werden, Fragen zu stellen – nicht nur, weil weniger Zeit zur Verfügung steht, sondern auch weil sich manche Menschen nicht trauen, in der Öffentlichkeit über persönliche Sorgen zu sprechen.
Erkundigen Sie sich bei den Mitgliedern Ihrer Gruppe nach deren Wünschen und Erwartungen an diesen Abend. Gemeinsam können Sie überlegen, ob Sie den Abend öffnen oder exklusiv halten wollen.

Wertschätzende Kommunikation

In einer Selbsthilfegruppe für Betroffene oder Angehörige treffen Menschen aufeinander, die durch ihre psychische Erkrankung, die jahrelange Begleitung eines erkrankten Menschen oder auch durch abwertende Äußerungen aus dem Umfeld äußerst dünnhäutig geworden sind. Das kann dazu führen, dass sie unterschiedliche Meinungen, Vorlieben und Abneigungen heftig und nicht immer nur ausgewogen und rücksichtsvoll zur Sprache bringen. Ohnehin haben viele Menschen es nicht gelernt, ihre Wünsche und Bedürfnisse in einer angemessenen Form auszudrücken, sie zeigen sie entweder übertrieben oder zu wenig. Wenn Teilnehmende dann noch angespannt oder aufgeregt sind, können aus anfänglichen Missverständnissen oder Meinungsverschiedenheiten handfeste Konflikte werden.

Es ist wichtig, Verständnis für die aufgestauten Gefühle der Teilnehmenden zu zeigen, aber gleichzeitig sollten Sie das Gespräch in eine Richtung lenken, die weg von unterschiedlichen Positionen hin zu gemeinsamen Lösungen führt. In diesem Kapitel werden Hinweise vorgestellt, die eine empathische und lösungsorientierte Diskussion fördern. Sie orientieren sich dabei vor allem an dem Konzept der »Gewaltfreien Kommunikation« von Marshall B. ROSENBERG (2012). Manche Hinweise können Sie frühzeitig einführen, um zu verhindern, dass überhaupt erst Missverständnisse oder auch Verärgerung auftreten. Andere wiederum können Sie immer dann nutzen, wenn es bereits zu Problemen oder Konflikten gekommen ist.

Bei allen Hinweisen gilt: Sie sind nicht als starre Kommunikationsregeln zu verstehen, die in jeder Situation eingehalten werden müssen, sondern als eine Anregung, wie auch strittige Themen in einer Gruppe gut besprochen werden können.

Miteinander umgehen lernen

Teilnehmende glauben häufig aufgrund des gemeinsamen Erfahrungshintergrunds mit der psychischen Erkrankung, dass alle in der Gruppe ähnliche Vorstellungen, Überzeugungen und Wünsche haben. Aber oft zeigt sich nach einiger Zeit, dass es außerhalb der gemeinsamen Erfahrungen sehr unterschiedliche Vorstellungen gibt, z. B. hinsichtlich eines angemessenen Verhaltens. Es ist wichtig, dass sich jeder traut, seine Gefühle und Meinungen anzusprechen.
Eine gut moderierte Selbsthilfegruppe kann auch über die Gruppe hinaus einen Lerneffekt bei uns auslösen: Wenn wir lernen, unterschiedliche Auffassungen respektvoll zu diskutieren, dann wird uns das auch in unserem Alltag helfen. Wir können lernen, unsere Meinung auszudrücken, ohne verletzend zu werden oder uns zurückzuziehen. Wir können ebenfalls lernen, unterschiedliche Standpunkte oder auch Menschen zu akzeptieren, deren Lebenswirklichkeit sich von der unseren unterscheidet.
Betroffene können sich so besser gegenüber Ärztinnen, Therapeuten oder auch der eigenen Familie durchsetzen, aber auch andere Sichtweisen zulassen. Angehörigen gelingt es so vielleicht eher, die Entscheidungen ihres Kindes, Lebenspartners oder ihrer Eltern zu verstehen und mit diesen umzugehen. Oft sind wir vor allem deshalb so unglücklich oder verärgert, weil wir nicht nachvollziehen können, wieso sich die erkrankte Person oder ein Angehöriger in einer bestimmten Weise verhält.

Gefühle und Wünsche

Gefühle, Bedürfnisse und Wünsche können einer Person nicht »weggenommen« oder ausgeredet werden. Wenn z. B. eine Mutter Angst hat, dass ihre erkrankte Tochter erneut in eine Krise rutscht, dann hat sie diese Angst, unabhängig davon, ob eine andere Person sie für übertrieben hält. In einer Selbsthilfegruppe sollten alle Gefühle zur Sprache gebracht werden können, auch solche, von denen wir glauben, sie nicht haben zu dürfen, wie Wut, Verzweiflung, Frustration oder Verärgerung. Jedes Gefühl ist erlaubt.
Viele Menschen haben jedoch Schwierigkeiten, ihre Gefühle in Worte zu fassen oder angemessen zum Ausdruck zu bringen. Angehörige

haben es oft auch verlernt, die eigenen Bedürfnisse wahrzunehmen. Sie können die Teilnehmenden ermutigen, über ihre Gefühle zu sprechen, indem Sie es selbst tun.

Wenn eine Person ein Gefühl äußert, ist es wichtig, dass sich die Gruppe respektvoll verhält. Unüberlegte Bemerkungen wie »Das ist doch nicht nötig!«, »Das ist doch nicht so schlimm!« oder »Wie können Sie nur wütend auf Ihren Sohn sein, er ist doch krank!« können die Person kränken oder Wut auslösen. Sie wird auch dann verletzt sein, wenn ihr jemand durch die Worte »Das ist doch nicht so schlimm!« nur helfen wollte, ihre Situation anders zu bewerten. Gefühle verschwinden nicht, wenn man erklärt, dass sie unnötig seien. Unbedacht und wenig einfühlsam ist es auch, die eigene Geschichte als Beleg heranziehen, dass es weitaus schlimmere Erfahrungen gibt.

Viele Verletzungen und Missverständnisse können in der Gruppe vermieden werden, wenn Teilnehmende die Gefühle der anderen ernst nehmen, verstehen und sich das auch gegenseitig zeigen, selbst wenn sie sie nicht teilen. Als Moderatorin oder Moderator könnten Sie ihnen dabei helfen, indem Sie z. B. nachfragen, was genau einer Person solche Angst macht. Es geht dann nicht mehr darum, ob ihr Gefühl berechtigt ist oder nicht, sondern darum, gemeinsam einen Weg zu finden, wie sie mit ihrer Angst umgehen kann. Wenn wir unseren Fokus weg von einer möglichen Katastrophe hin zu praktischen Handlungsmöglichkeiten verlagern, können Sorgen verringert werden (siehe auch Kapitel »Problemlösungstechniken«, ab S. 76).

Wir können Gefühle von anderen Menschen besser nachvollziehen, wenn diese nicht in Floskeln oder generalisierten Sätzen wie »Man hat doch dann Angst!« sprechen, sondern von sich selbst reden. Wer Ich-Botschaften sendet, also sagt: »Ich habe in dieser Situation Angst!«, wird eher verstanden werden und weniger Widerspruch hervorrufen. Die Formulierung »Man hat dann einfach Angst« kann den Eindruck erwecken, dass wir der Meinung seien, alle Menschen hätten in dieser Situation Angst. Sie kann Antworten provozieren, die als unfreundlich oder aggressiv empfunden werden, wie: »Stimmt nicht, ich habe dann überhaupt keine Angst!« Möglicherweise verwenden wir dieses »man«, weil wir daran gewöhnt sind. Dahinter kann sich aber auch unsere Überzeugung verbergen, dass unsere Gefühle selbstverständlich geteilt werden. Ich-Botschaften machen deutlich, dass wir über unsere eigenen Gefühle sprechen.

Nicht nur die eigenen Gefühle, sondern auch die eigenen Wünsche und Erwartungen sollten in einer Gruppe klar und deutlich ausgedrückt werden, damit die anderen Teilnehmenden wissen, woran sie sind. Aber genau das fällt vielen Menschen schwer. Wenn Sie bemerken, dass es Missstimmungen gibt oder sich ein Mitglied zurückzieht, sollten Sie dies vorsichtig in der Gruppe ansprechen, z.B. mithilfe von »Feedbackübungen« (siehe S. 83).

Auch wenn jeder seine Wünsche und Bedürfnisse äußern darf, so hat niemand einen Anspruch darauf, dass diese erfüllt werden. Teilnehmende müssen lernen, respektvoll zu erklären, warum sie bestimmte Wünsche anderer Mitglieder nicht berücksichtigen können oder wollen. Wenn eine Person immer wieder über ihre eigene Geschichte ausführlich sprechen will, könnten Sie sie freundlich daran erinnern, dass auch andere zu Wort kommen wollen. Um einen Weg zu finden, der möglichst alle zufriedenstellt, müssen gelegentlich Kompromisse geschlossen, eigene Wünsche zeitweise zurückgestellt und für den Moment dringendere Bedürfnisse berücksichtigt werden.

Meinungen, Einstellungen und Ansichten

Ähnlich verhält es sich mit den eigenen Meinungen: Jeder darf seine Meinung, Einstellung oder Ansicht zu einem bestimmten Thema äußern, ohne einen Anspruch darauf zu haben, dass sie geteilt wird. Sätze wie »Es ist doch einfach so« oder »Das darf man einfach nicht!« senden die Botschaft, dass die Person ihre Meinung für die einzig richtige hält. Auch das kann wieder eine Quelle für Missverständnisse, Widerspruch und Konflikte sein. Helfen Sie den Mitgliedern, zu verstehen, dass es sich hierbei um die eigene Sicht handelt und nicht um allgemeingültige Wahrheiten. Sie könnten nach einem Beitrag freundlich darauf hinweisen, dass Sie gerade die persönliche Sicht eines Teilnehmenden gehört haben, und sich erkundigen, ob es andere Ansichten gibt.

Unterschiedliche Meinungen können bereichernd sein, wenn wertschätzend mit diesen umgegangen wird. Manche Menschen zeigen ihre abweichende Meinung, indem sie spontan mit einem »Nein, das stimmt nicht!«, »Das würde ich nie tun!« oder »Das können Sie doch nicht machen!« auf eine Aussage reagieren. Solche Formulierungen zeigen wenig Achtung vor den Äußerungen und Ansichten anderer

Menschen und können den Eindruck erwecken, dass ihnen das Wort verboten werden soll. Selbstverständlich ist es erlaubt, seinen Unmut zum Ausdruck zu bringen – dies aber bitte respektvoll.
Wir zeigen hingegen Wertschätzung, wenn wir aufmerksam zuhören und versuchen, einen Standpunkt zu verstehen, selbst wenn dieser nicht der unsere ist. Lassen Sie Teilnehmende ausreden und fragen Sie nach, wieso sie eine bestimmte Ansicht oder ein Gefühl haben oder in einer bestimmten Weise reagieren. Natürlich ist es erlaubt, auch den eigenen Standpunkt darzustellen, aber erinnern Sie Ihre Gruppe immer wieder freundlich daran, dass unterschiedliche Meinungen in einer Weise vorgebracht werden sollen, die niemanden gekränkt oder verärgert zurücklässt. Statt »Das ist falsch!«, könnten Mitglieder sagen: »Zu dem Thema habe ich eine andere Ansicht« oder »Man könnte das Verhalten Ihres Sohns auch anders interpretieren«.

Behauptungen

Einige Teilnehmende neigen dazu, verallgemeinernde Behauptungen aufzustellen, die in dieser Formulierung und Ausschließlichkeit eindeutig falsch sind. Bemerkungen wie »Alle Ärzte sind von den Pharmafirmen gekauft!«, »Alle Pfleger haben etwas gegen Angehörige!« oder »Abilify® führt immer zu Psychosen!« sollten nicht unkommentiert stehen bleiben. Weisen Sie sie freundlich, aber bestimmt darauf hin, dass es so nicht zutrifft oder erwiesen ist. Sie könnten auch die unterschiedlichen Haltungen sowie gängige Hypothesen zu einem Thema aufzeigen. Hier geht es nicht darum, eine Überzeugung zu verbieten, sondern Fehlinformationen zu vermeiden. Zeigen Sie deswegen gleichzeitig Verständnis dafür, dass jemand hauptsächlich negative Erfahrungen mit Ärztinnen, Pflegefachpersonen oder einem bestimmten Medikament gemacht hat. Kritik ist berechtigt, aber es gibt auch positive Erfahrungen, die durchaus genannt werden sollten. Denken Sie daran, dass die Gruppe zusammengekommen ist, um sich gegenseitig zu ermutigen und Stärke zu entwickeln.
Gerade bei Medikamenten, Therapien oder auch Ursachen von psychischen Erkrankungen können Behauptungen zu Unsicherheit, Ängsten, Verärgerung oder einem Gefühl von Hilflosigkeit in der Gruppe führen. Bitten Sie die Teilnehmenden darum, ihre Überzeugungen nicht wiederzugeben, indem sie sagen, »Das ist einfach so!«, sondern sie als

Ich-Botschaften zu formulieren: »Ich glaube, dass ...!« oder »Ich habe die Erfahrung gemacht, dass ...«. So hat jeder die Möglichkeit, seine persönliche Einstellung oder Erfahrungen den Auffassungen anderer Mitglieder gegenüberzustellen.

Kritik

In einer Selbsthilfegruppe wird es immer wieder die Situation geben, dass Teilnehmende mit Überzeugungen anderer, dem Verlauf der Diskussion oder auch mit Ihrer Moderation nicht einverstanden sind. Es ist wichtig, dass jeder seine Unzufriedenheit zur Sprache bringen darf, allerdings sollten Sie darauf achten, dass derjenige respektvoll bleibt. Das ist nicht immer einfach, wenn Emotionen hochkochen. Aber je nachdem, *wie* wir Kritik vorbringen, wird sie unser Gegenüber annehmen können, als persönlichen Angriff abtun oder sie als irrelevant einstufen.
Es wirkt beschuldigend, wenn wir Sätze gebrauchen wie: »Sie sehen das alles falsch!« oder »Sie sorgen nicht dafür, dass alle in der Gruppe reden können!«. Mit solchen Worten drängen wir eine Person in die Enge: Sie wird sich verteidigen oder gekränkt zurückziehen. In beiden Fällen wird der Gruppenzusammenhalt nicht gestärkt. Geben Sie den Teilnehmenden den Hinweis, dass sie stattdessen sagen könnten: »Ich habe das Gefühl, dass ich nicht ausreichend zu Wort komme« oder »Ich bin nicht sicher, dass es so ist, wie Sie sagen. Ich habe etwas anderes gelesen ...«. Wenn jemand von sich spricht und sagt, dass er sich ungerecht behandelt fühlt, kann niemand widersprechen, ein Gefühl ist ein Gefühl.
Auch Sie selbst müssen darauf achten, wie Sie mit Kritik innerhalb der Gruppe umgehen. Statt sich in eine Diskussion hineinziehen zu lassen, ob der eine oder andere wirklich weniger oder mehr spricht, sollten Sie die Lösung im Blick behalten. Sie könnten die Teilnehmenden fragen, was Sie in der Gruppe verändern können, damit jeder zu Wort kommt. In den nächsten Sitzungen könnten Sie die Person, die sich benachteiligt fühlt, stärker in die Diskussion einbinden oder sie immer wieder einmal direkt ansprechen. Außerdem könnten Sie Teilnehmende, die schon viele Beiträge gebracht haben, freundlich darauf hinweisen, um auch anderen die Möglichkeit zu geben, sich zu beteiligen.

Eine weitere häufige Ursache für Konflikteskalation ist nach Marshall B. Rosenberg (2012), dass nicht zwischen dem Problem (Verhalten, Sache) und der Person unterschieden wird. Wenn ein Teilnehmender das Gefühl hat, ständig von einer Person unterbrochen zu werden, dann sollte er diese nicht abwerten, sondern sich auf ihr Verhalten beziehen. Statt »Sie sind schrecklich, weil Sie mich immer unterbrechen ...« könnte er sagen: »Sie wissen, dass ich Sie schätze, aber ich ärgere mich, weil ich das Gefühl habe, dass Sie mich gerade nicht haben ausreden lassen.« Das ist nicht immer leicht – vor allem, wenn man sich gerade geärgert hat –, doch es kann gelernt werden, und es wird Angehörigen und Betroffenen in ihrem Alltag auch außerhalb der Gruppe helfen.

Insbesondere Angehörige können davon profitieren, wenn sie lernen, Sache und Person zu trennen. Viele empfinden das Verhalten ihres erkrankten Kindes oder Lebenspartners in Krankheitsphasen als rücksichtslos, lieblos, bösartig oder uneinsichtig. Nach einiger Zeit wissen sie meist, dass dieses Verhalten der Erkrankung geschuldet ist und nicht der Tatsache, dass das Gegenüber ein schlechter Mensch geworden ist. Dennoch kann es immer wieder kränken, einem solchen Verhalten ausgesetzt zu sein. Wenn es ihnen in solchen Situationen gelingt, Sache und Person zu trennen, können unnötige Konflikte vermieden werden.

Schauen wir uns ein konkretes Beispiel an: Sie haben beschlossen, Ihrem erkrankten Sohn Grenzen zu setzen. Nun wollen Sie ihm sagen, dass Sie seinen aggressiven Ton oder auch die Tatsache, dass er seine Tabletten immer wieder absetzt, nicht mehr hinnehmen werden. Es wird wenig nützlich sein, dies mit den Worten zu tun: »Du bist immer so furchtbar aggressiv, das ist schrecklich!« oder »Du bist dermaßen rücksichtslos und verantwortungslos, wenn du immer wieder deine Tabletten absetzt. Dir ist es vollkommen egal, dass ich dann immer die Konsequenzen tragen muss«. Ihr Sohn wird sich über die Worte ärgern und sie heftig abwehren: »Nein, ich bin überhaupt nicht aggressiv!« oder »Es geht dich überhaupt nichts an, ob ich meine Tabletten absetze!«. Ein weiteres Gespräch wird kaum möglich sein.

Wieso ist die Situation eskaliert? Mit Ihrer Formulierung haben Sie Ihren Sohn negativ bewertet: »Du bist ein rücksichtsloser Mensch.« Es ist aber nur Ihr Eindruck, er selbst sieht sich sicher anders. Zugleich haben Sie ihm Absichten unterstellt: »Dir ist es vollkommen egal.«

Sie können nicht wissen, welche Motive hinter seinem Verhalten stecken. Durch den Begriff »immer« haben Sie Ihre Aussage zusätzlich durch einen sogenannten »Gesprächskiller« verschärft. Begriffe wie »immer« oder »nie« lassen jede vernünftige Diskussion versanden. Selbstverständlich ist Ihr Sohn nicht *immer* rücksichtslos, sondern Sie empfinden es in einer bestimmten Situation so. Auch der Teilnehmende, dem vorgeworfen wird, er lasse die anderen *nie* ausreden, wird sofort Beispiele dafür finden, wann er eben doch andere zu Wort kommen lässt. Statt darüber zu reden, warum einige das Gefühl haben, nicht ausreichend berücksichtigt zu werden, wird ein unsinniger Streit darüber angefacht, wer recht hat.
Wie könnten Sie stattdessen reagieren? Zunächst müssen Sie erkennen, dass Sie nicht mit Ihrem Sohn als Menschen, sondern mit bestimmten Verhaltensweisen Probleme haben. Wenn Sie seine lauten und aus Ihrer Sicht beleidigenden Äußerungen stören, sollten Sie ihm genau das sagen. Sagen Sie ihm auch, dass Sie sich Sorgen machen, wenn er seine Tabletten ohne ärztliche Betreuung absetzt. Nun sollten Sie ihm mitteilen, dass Sie sein Verhalten nicht länger akzeptieren können. Tun Sie dies nicht wertend und als Vorwurf, sondern in einem ruhigen Ton. Damit sind zwar nicht alle Probleme gelöst, es ist aber eher möglich, dass Ihr Sohn über Ihre Worte nachdenkt.
Auch Betroffene können davon profitieren, wenn sie konstruktiv mit Kritik umgehen können. Es ist nicht hilfreich, ihren Angehörigen zu unterstellen, dass diese sie »ja nur immer wegsperren« wollen. Anhand von Ich-Botschaften können sie ihnen ihre Gefühle und Ängste verdeutlichen. Beide Seiten lernen, ihr Gegenüber besser zu verstehen, und es wird eher möglich sein, über eine schwierige Situation zu sprechen und eine Lösung zu finden.

Kommunikationsregeln sind keine Waffen!

So wichtig diese Hinweise oder Anregungen für eine wertschätzende Kommunikation sind, wir sollten Sie nicht als Waffe benutzen. Es sind Empfehlungen. Wenn Sie das Gefühl haben, dass die Atmosphäre in der Gruppe gut ist und Themen offen besprochen werden können, dann brauchen Sie diese Regeln vielleicht nicht. Aber auch bei Störungen oder Unzufriedenheit sollten weder Sie noch andere Teilnehmende starr an den Hinweisen festhalten.

Wenn eine Person gerade sehr aufgewühlt über ihre letzte Krise berichtet, ist es wenig hilfreich, sie mit strengen Hinweisen wie »Ich-Botschaften!« oder »Nicht ›man‹ verwenden!« zu rügen. Weisen Sie sie lieber am Ende ihres Beitrags freundlich darauf hin, dass Sie in der Gruppe möglichst von der eigenen Person aus sprechen. Das Gleiche gilt, wenn jemand seine Redezeit nicht einhält, weil er aufgeregt ist. Statt das Mitglied bissig zu unterbrechen, können Sie es freundlich bitten, langsam ein Ende zu finden.

Schwierige Situationen

In einer gut funktionierenden Selbsthilfegruppe fühlen sich alle Mitglieder geborgen und wohl. Dennoch wird es immer wieder zu Situationen kommen, die einige unzufrieden werden lässt. Es ist hilfreich, Verhaltensweisen, die Unbehagen ausdrücken, zu erkennen, um frühzeitig eingreifen zu können und solche Situationen nicht eskalieren zu lassen.

Die Endlosschleife

Einige Teilnehmende neigen dazu, immer wieder von den gleichen Ereignissen zu berichten. Nicht selten sind es dramatische Situationen, die bereits Jahre zurückliegen. Andere beklagen monatlich die gleiche Situation: »Die Ärzte reden nicht mit mir«, »Im Pflegeheim wird nicht ordentlich gearbeitet« oder »Mein Sohn weigert sich, seine Tabletten zu nehmen«. Die meisten Mitglieder werden diese Situationen aus eigener Erfahrung kennen und auch Verständnis dafür haben. Dennoch besteht die Gefahr, in einer Endlosschleife über etwas zu klagen, ohne zu einer Lösung oder wenigstens zu Entspannung zu kommen.
Die Ungeduld der anderen Teilnehmenden äußert sich dann oft in ihrer Mimik oder Gestik. Vielleicht beobachten Sie, dass manche ihr Gesicht verziehen, wenn ein Mitglied erneut von seinem Problem beginnt. Vielleicht schnappen Sie auch in einer Pause auf, dass abschätzig über die Person gesprochen wird. Das ist schade, denn eine Selbsthilfegruppe dient dazu, sich gegenseitig zu unterstützen und in schwierigen Situationen Halt zu geben. Eine Endlosschleife ist sowohl

für die Gruppe als auch für denjenigen, der sich in ihr befindet, wenig hilfreich: Zurückliegende traumatische Erlebnisse werden wachgehalten und belasten – obwohl die Gegenwart vielleicht anders oder besser aussieht.
Sie könnten vorschlagen, dass sich die Person außerhalb der Gruppe mit einem Mitglied austauscht, das ähnliche Erfahrungen gemacht hat. Sie könnten auch gemeinsam in der Gruppe nach einer Lösung für dieses Problem suchen oder das Thema in einer späteren Sitzung noch einmal aufgreifen, um den Stand der Dinge zu erfahren. Wenn sich keine Lösung finden lässt, stellen Sie in der Gruppe zur Diskussion, ob eine zeitweilige Lösung nicht auch darin bestehen könnte, die Situation so zu akzeptieren, wie sie ist.

Ja, aber ...

Manch anderer ist so in seinen Problemen gefangen, dass er auf jeden noch so durchdachten Rat mit einem »Ja, aber ...« reagiert – er wisse bereits, dass es nicht funktioniert, er habe es schon vergeblich ausprobiert oder es passe ohnehin nicht auf seine Situation, weil sein Kind, seine Ärztin oder das Krankenhaus ja gar nicht zu vergleichen seien und die anderen das nicht beurteilen könnten. In solch einer Situation ist es schwierig, die Person zu erreichen. Es scheint so, als wolle sie nicht zuhören und zu keiner Lösung des Problems kommen. Sie scheint sich eingerichtet und damit abgefunden zu haben, dass es ihr schlecht geht.
Ermuntern Sie die Person immer wieder, einen Rat aus der Gruppe einmal wirklich auszuprobieren. Machen Sie ihr deutlich, dass es nicht darum gehe, ihr vorzuschreiben, wie sie mit ihrem Problem umgehen soll, es aber helfen könne, die eigene Sichtweise zu erweitern. Sie könnten Sie behutsam darauf hinweisen, dass es ein wichtiges Ziel einer Selbsthilfegruppe ist, ansatzweise für Erleichterung zu sorgen. Wenn Sie auf einer Stelle treten, kann sich in der Gruppe Frustration breitmachen – und das ist für niemanden hilfreich.

Die »Ich auch«-Falle

Viele Menschen reagieren auf Beiträge sofort mit einem »Ich auch ...!«: »Das war genauso bei meiner Tochter ...«, »Das kenne ich, also bei mir war das so ...«. Oft zeigt sich in dieser schnellen Reaktion, dass wir dem Erzählenden nicht wirklich zugehört haben, sondern durch ein paar Stichworte unsere eigenen Erfahrungen aktiviert wurden.
Wenn wir auf unsere Geschichte überleiten, nehmen wir einem anderen Menschen aber nicht nur die Möglichkeit, über sein Problem zu reden, sondern wir gehen auch davon aus, dass er die gleichen Erfahrungen gemacht hat und unsere Gefühle teilt. Wir sind davon überzeugt, den richtigen Rat parat zu haben, weil er uns in einer Situation geholfen hat, die wir als vergleichbar einschätzen – das kann stimmen, muss es aber nicht: Nicht nur, dass die Gefühle von Person zu Person unterschiedlich sind. Auch das, was wir als nützlich empfinden, muss anderen Menschen nicht helfen, weil sie einfach anders sind als wir.
Das bedeutet nicht, dass in einer Selbsthilfegruppe keine Erfahrungen ausgetauscht werden sollen – im Gegenteil: Dies ist einer der Gründe, warum sich Teilnehmende zusammenfinden. Es ist aber wichtig, jeder Person Zeit zu geben, ihre Geschichte vollständig zu erzählen. Alle Mitglieder sollten ihr sorgsam zuhören und Nachfragen zu der Situation stellen. Nur so können sie sich absichern, dass sie ihr Problem verstanden haben, und können ihr – vielleicht – einen Vorschlag machen, über den sie nachdenken kann.

Dauerredner

Personen, die ohne Rücksicht auf andere Gruppenmitglieder unentwegt reden, können den Ablauf anhaltend stören. Insbesondere zurückhaltenden Menschen kann damit die Möglichkeit genommen werden, sich am Gespräch zu beteiligen. So verständlich es auch ist, dass stark belastete Personen ihre Probleme mitteilen wollen, so sollte doch allen Raum gegeben werden, sich einzubringen. Zumeist geschieht dies ohne Absicht: »Dauerredner« haben oft kein Gefühl dafür, dass sie andere daran hindern, auch ihre Geschichten zu erzählen. Deshalb ist es hilfreich, frühzeitig Kommunikationsregeln einzuführen, die sie etwas eindämmen. Manchmal nützt es schon, sie freundlich

darauf hinzuweisen, dass sie heute schon sehr viel gesagt haben und vielleicht andere ihre Sicht ebenfalls darstellen wollen. Gelegentlich reicht es auch, auf die Spielregeln zu verweisen.
Natürlich sollten Ausnahmen möglich sein. Wenn ein Mitglied gerade etwas extrem Belastendes erlebt hat, muss es dafür immer Verständnis und Raum geben.

»Besserwisser«

Einige Menschen haben sehr ausgeprägte Überzeugungen und Meinungen, die sie anderen gerne mitgeben wollen. Sie scheinen dann oft auf ihrer persönlichen Lösung zu beharren und können damit zu einer Belastung der Gruppe werden. Diesen Menschen fehlt zuweilen das Verständnis dafür, dass Menschen selten »belehrt« werden wollen. Oft verstehen sie auch nicht, dass es andere Sichtweisen als die eigene gibt und diese respektiert werden müssen.
Damit eine solche Situation nicht zu einer Belastung für die Gruppe führt, könnten Sie darauf hinweisen, dass es zu manchen Themen unterschiedliche Meinungen gibt und dass jeder das Recht hat, eine bestimmte Ansicht zu vertreten. Unterschiedliche Standpunkte haben in einer Selbsthilfegruppe ihren Platz, es gehe niemals darum, dass alle eine bestimmte Meinung akzeptieren müssen. Manche Standpunkte müssen einfach nebeneinander stehen bleiben.

Die Klagegruppe

Es kann immer wieder vorkommen, dass eine Selbsthilfegruppe zu einer »Klagegruppe« abgleitet. Selbstverständlich dürfen Angehörige oder Betroffene von ihren Belastungen erzählen, sie dürfen sich über das eigene Leid, ihre Ärzte, das Gesundheitssystem, über die »uneinsichtigen« Kinder oder »unsensiblen« Eltern oder Geschwister beschweren – oft haben sie allen Grund dafür. Es kann entlastend sein, die als unerlaubt empfundenen Gefühle von Überforderung und Wut auszudrücken. Wenn aber eine Gruppe dauerhaft zu einer Klagegruppe wird, kann sich das Gefühl von Hilflosigkeit und Ausgeliefertsein verstärken. Schuldzuweisungen können zwar kurzfristig für Erleichterung sorgen, langfristig bringen sie die Personen aber nicht weiter.

Führen Sie das Gespräch daher vorsichtig von der Klage weg hin zu möglichen Lösungen. Statt immer wieder über vergangene Schwierigkeiten zu sprechen, sollte der Blick auf die heutige Situation gerichtet werden. Statt immer wieder über negative Gefühle und das harte Schicksal zu sprechen, sollte gemeinsam überlegt werden, was zu tun ist, um diese negativen Erfahrungen künftig nicht mehr machen zu müssen. Sie könnten fragen, ob jemand einen Rat zu einem bestimmten Problem wünscht. Der Begriff »Selbsthilfegruppe« macht deutlich, dass sich die Teilnehmenden in schwierigen Situationen gegenseitig unterstützen wollen, Wege zu finden, mit diesen umzugehen.

Fachvorträge oder über uns reden?

In einer Selbsthilfegruppe können, wie bereits beschrieben, unterschiedliche Erwartungen vorherrschen. Einige Teilnehmende wollen vielleicht vorwiegend über sich und ihre eigene Situation sprechen, anderen hingegen ist daran gelegen, Fachvorträge anzuhören. Oft können sich diejenigen, die Themenabende bevorzugen, besser durchsetzen, weil es als politisch relevanter gilt, sich z. B. über die neue Soteriastation zu informieren, als darüber zu reden, dass man selbst vor Sorgen schlecht schlafen kann.
Suchen Sie hier in der Gruppe nach einem Kompromiss. Sie könnten beispielsweise abwechselnd Fachvorträge und Abende unter der Überschrift »Wir über uns« anbieten oder auch zusätzlich zu den regulären Gruppenabenden eine Reihe von Fachvorträgen organisieren. Eine »gute Mischung« führt langfristig zu mehr Zufriedenheit.

Abschreckung von neuen Mitgliedern

Eine Selbsthilfegruppe, die schon lange besteht, kann für neue Mitglieder erschreckend oder demotivierend sein, wenn die »alt eingesessenen« Mitglieder permanent von vergangenen Dramen berichten und sich resigniert oder aufgebracht über Ärztinnen, Krankenhäuser oder ihre betroffenen Angehörigen äußern. Selbstverständlich müssen sich die erfahrenen Teilnehmenden nicht bremsen, aber dramatische Erlebnisse anhaltend im Kopf wachzuhalten, tut niemandem gut. Sie könnten darauf hinweisen, dass Prognosen kaum möglich sind und jeder Krankheitsverlauf unterschiedlich ist. Zeigen Sie auch auf, dass

es positive Krankheitsverläufe gibt und viele Betroffene mit ihrer Krankheit inzwischen ein gutes Leben führen. Selbst wenn erfahrene Mitglieder wissen, welche schwierigen Situationen immer wieder entstehen können, sollten sie mit dramatischen Berichten zurückhaltend sein, wenn neue Mitglieder in eine bestehende Gruppe integriert werden.
Bedenken Sie auch, dass es Fortschritte im Hinblick auf Medikamente und Versorgungsstrukturen gegeben hat. Es kommt jetzt eine neue Generation von Angehörigen und Betroffenen in die Gruppen, die nicht mehr alle schwierigen Erfahrungen machen mussten, die Ältere vor zwanzig oder dreißig Jahren gemacht haben.

Wenn jemand einen Rat will

Anders als es häufig in Seminaren geäußert wird, sind Ratschläge keinesfalls immer Schläge. Viele Teilnehmende kommen gerade in eine Selbsthilfegruppe, weil sie sich einen Rat erhoffen. Dennoch hat es einen Grund, warum vor »Rat-*Schlägen*« gewarnt wird. Wenn jemand von einem schwierigen Problem berichtet, das ihn sehr belastet, wird häufig unbedacht mit Sätzen reagiert wie: »Das ist doch ganz einfach, machen Sie doch einfach ...«, »Wo ist das Problem? Sie müssen einfach ...!« oder »Das ist doch klar, da mach ich immer ...!«. Solche Aussagen wirken tatsächlich wie Schläge, denn für das Gegenüber ist es eben nicht einfach, sonst würde es nicht darunter leiden und hätte auch nicht gefragt. Diese Worte zeigen oft, dass diese Personen nicht richtig zugehört oder erfasst haben, worum es tatsächlich geht.
Entscheidend ist also immer, *wie* Ratschläge gegeben werden. Um überhaupt einen Rat anbieten zu können, müssen wir das Problem verstanden haben. Das erreichen wir nicht, wenn wir zu schnell auf eine Äußerung reagieren. Wir sollten nachfragen und dabei versuchen, so konkret wie möglich zu werden. Wenn sich z. B. eine Mutter sorgt, dass ihre Tochter in der Wohnung verwahrlost, reagieren Sie nicht einfach mit einem: »Das kenne ich, das ist bei meinem Sohn genauso ...«. Mit solchen Worten leiten Sie auf die eigenen Probleme über, statt der besorgten Mutter zuzuhören. Ebenso sollten Sie ihr nicht empfehlen, doch einfach selbst aufzuräumen oder eine Putzfrau in

die Wohnung der Tochter zu schicken – vielleicht sind es Lösungen, aber Sie können bislang noch nicht wissen, ob Sie die Lage richtig eingeschätzt haben.
Fragen Sie stattdessen, warum sich die Mutter deswegen sorge oder wie unordentlich die Wohnung genau sei. Erkundigen Sie sich auch, ob ihre Tochter Hilfe akzeptieren würde – und wenn nicht, wieso. Wenn die Mutter Angst hat, dass ihre Tochter die Wohnung verliert, weil sich die Nachbarn beschweren oder sich der Vermieter schon einmal gemeldet hat, dann ist ihre Sorge berechtigt. Sie könnten dann in der Gruppe überlegen, was dagegen zu tun ist. Wenn die Mutter die Frage aber damit beantwortet, dass die Unordnung einfach nicht gut für ihre Tochter sei oder sie selbst diese Unordnung nicht ertragen könne, wird Ihr Rat anders ausfallen müssen. Sie könnten die Mutter freundlich daran erinnern, dass es nicht darum gehe, dass sie sich in der Wohnung wohlfühle, sondern darum, ihre Tochter zu unterstützen. Suchen Sie nun gemeinsam nach Wegen, wie sie gelassener mit der Situation umgehen und die Beziehung zu ihrer Tochter verbessern kann. Ein Rat nützt wenig, wenn er sich nicht auf die konkrete Situation bezieht.
Um sicherzustellen, dass Sie verstanden haben, worum es der Person geht, könnten Sie ihre Situation noch einmal zusammenfassen und abklären, ob es so richtig sei. Machen Sie als Moderatorin oder Moderator nicht sofort einen Vorschlag, sondern erkundigen Sie sich zunächst, ob der Ratsuchende selbst eine Idee hat, wie sich seine Lage verbessern könnte. Geben Sie dann die Frage in die Gruppe, vielleicht haben Teilnehmende unterschiedliche Lösungsvorschläge. Versuchen Sie, die Person von der Vergangenheit (»Es war immer schon so schlimm mir meiner Tochter!«) und dem aktuellen Problem (»Die Wohnung sieht einfach so schrecklich aus!«) weg hin zur Zukunft zu lenken: Was kann sie tun, um das Problem zu lösen? Wie gehen andere mit ähnlichen Problemen um? Überlegen Sie gemeinsam, ob eine bestimmte Lösung auch gut für die Person sein könnte.
Mit fertigen Lösungen können wir andere unter Druck setzen. Unser Gegenüber kann sich fragen, wieso ihm etwas nicht gelingt, was für uns so einfach zu sein scheint. Gehen Sie daher nicht von sich selbst aus. Auch wenn Ihnen eine bestimmte Sache geholfen hat, so muss es nicht auch auf andere zutreffen. Bieten Sie stattdessen eine Lösung an, und überlassen Sie es dem Ratsuchenden, ob er diese annehmen

will oder nicht. Sie sollten ihm das Gefühl geben, dass Sie ihn für kompetent genug halten, das Problem selbst zu lösen.

Mögliche Formulierungen für Ratschläge

- »Auf welche Vorgehensweise hat Ihre Tochter bislang positiv reagiert?«
- »Als es meinem Sohn so schlecht ging, hat ihm geholfen, ... zu tun oder zu bekommen. Könnten Sie sich das auch für Ihren Sohn vorstellen?«
- »Mir hat es in einer schwierigen Situation gutgetan, ... zu tun.«
- »Wir haben gehört, dass es eine Hilfe sein kann, wenn ... passiert. Vielleicht ist das etwas, das Sie auch ausprobieren könnten?«
- »Haben Sie schon einmal versucht ...?«
- »Ich habe gute Erfahrung gemacht mit ...«

Dauerthemen

Viele Angehörige oder auch Betroffene beschäftigen immer wieder die gleichen Themen. Ihr Leben scheint nach einem ähnlichen Muster zu verlaufen: Es gibt Krisenzeiten, schwierige Zeiten und wieder Phasen der Beruhigung. Angehörige probieren wiederholt Dinge aus, um für Deeskalation zu sorgen oder eine gute Lösung herbeizuführen. Aber nicht jeder hat die Kraft, konsequent eine bestimmte Strategie umzusetzen und durchzuhalten. Betroffene werden oft in Entscheidungen nicht mit einbezogen, leiden unter den Nebenwirkungen von Medikamenten oder fühlen sich nicht ernst genommen. Daher ist es verständlich, dass bestimmte Themen häufiger angesprochen werden als andere. Vor allem wenn neue Mitglieder in die Gruppe kommen, sollten Dauerthemen auch ernst genommen und diskutiert werden.

Es kann aber auch die Situation entstehen, dass in einer Gruppe bestimmte Teilnehmende immer und immer wieder das gleiche Thema aufwerfen oder ausführlich über tragische Situationen sprechen, die bereits Jahre zurückliegen. So verständlich es ist, dass bestimmte Erfahrungen zu einer traumatischen Belastung werden: Für die Gruppe – und für den Redenden – ist es auf Dauer nicht hilfreich, wenn anhaltend über diese Probleme berichtet wird, ohne dass eine Lösung in Sicht ist. Eher verstärkt es ein Gefühl des Ausgeliefertseins und der Hilfslosigkeit.

Was soll ich bloß tun?

Schwierig wird es, wenn Teilnehmende wiederholt das gleiche Problem ansprechen und dafür einen Rat erbitten, aber gleichzeitig keinen der Vorschläge umsetzen. Sie scheinen taub zu sein gegenüber jedem Vorschlag und reagieren sofort mit einem »Das geht nicht …«, »Das hab' ich schon probiert, hilft auch nichts …« oder »So einfach ist das nicht, Sie kennen meine Situation nicht …«. Entweder wollen Sie keinen Rat annehmen oder es scheint wirklich keine Lösung für das Problem zu geben. In beiden Fällen kann es zu Ermüdung und auch Unzufriedenheit innerhalb der Gruppe führen. Das kann sich darin äußern, dass Teilnehmende der Gruppe fernbleiben oder außerhalb der Gruppe negativ über die betroffene Person sprechen.
In solchen Situationen sollten Sie die Diskussion in eine andere Richtung steuern, um Unzufriedenheit vorzubeugen. Geben Sie der Person, die immer wieder über das gleiche Thema klagt, etwas Raum, aber achten Sie auch darauf, dass es nicht zum Dauerthema wird. Es ist durchaus möglich, die Person freundlich darauf hinzuweisen, dass Sie alle versucht haben, einen Rat zu geben und jetzt nicht mehr weiterwissen. Sagen Sie der Person, dass Sie Verständnis für ihre schwierige und belastende Situation haben, es aber manchmal helfen kann, die Situation so zu akzeptieren, wie sie ist. Wer versucht, Dinge zu ändern, die – kurzfristig – nicht zu ändern sind, macht sich unglücklich.

Die Ärzte reden nicht mit mir – niemand hilft mir!

Ein weiteres Dauerthema ist das psychiatrische System, die Ärztinnen, Psychiater oder Pflegefachpersonen, die uns nicht so unterstützen, wie wir uns das wünschen. Auch die Familie oder Freunde können Thema sein, wenn sie sich abwenden oder nicht helfen wollen. Diese Kritik kann berechtigt sein und darf in einer Gruppe geäußert werden. Es ist zunächst eine Erleichterung, wenn wir auf Menschen treffen, die über ähnliche Erfahrungen verfügen und bei denen wir Ärger und Gedanken aussprechen dürfen, die von Außenstehenden als übertrieben oder unberechtigt wahrgenommen werden. Hier können Informationen über Rechte von Betroffenen und Angehörigen oder auch Namen von guten Kliniken oder zugewandten Ärztinnen und Ärzten helfen.

Wenn aber das Klagen über böse Ärzte, schreckliche Kliniken und lieblose Familienmitglieder überhandnimmt, dann kann eine Selbsthilfegruppe nicht das erfüllen, was sie erreichen will: Die Teilnehmenden gehen nicht entlastet und gestärkt nach Hause. Die Verzweiflung kann sich sogar noch vergrößern, wenn wir einem Thema immer wieder hilflos gegenüberstehen.

Ich muss das doch tun!

Ein weiteres, häufig wiederkehrendes Thema ist: Angehörige klagen – zu Recht – über ihre enorme Belastung durch die Erkrankung ihres Familienmitglieds oder Partners. Gleichzeitig sind sie resistent gegenüber jedem Rat, wie sie ihre Belastung ein wenig verringern können – sie *müssten* doch für die betroffene Person einkaufen, ihre Wohnung aufräumen, mit Ämtern telefonieren oder eben rund um die Uhr für Telefonate, Besuche und Dienstleistungen zur Verfügung stehen.
Eine solche Situation erfordert wieder Feinfühligkeit. Sie könnten die Personen fragen, ob sie Hinweise möchten, wie sie ihre Belastung verringern können, oder ob sie einfach nur einmal darüber sprechen wollen. Wer fest davon überzeugt ist, dass er nichts ändern *kann*, sagt damit häufig, dass er nichts ändern *will*, und dann ist jeder noch so gut gemeinte Rat nutzlos. Geben Sie der Person in diesem Fall wieder ein wenig Raum, über die Belastung zu reden, ermöglichen Sie aber dann auch anderen Teilnehmenden, ihre Themen einzubringen. Niemandem sollte ein Rat aufgedrängt werden.
Sorgen Sie in einer gemischten Gruppe dafür, dass sowohl die Sicht der Angehörigen als auch die der Betroffenen Gehör bekommen. Es kann fruchtbar sein, wenn beide Seiten erfahren, wie eine Situation auf die jeweils andere wirkt. Statt nur über die große Belastung zu klagen, die eine psychische Erkrankung für Angehörige bedeutet, sollten auch die Betroffenen Gelegenheit bekommen, über ihre Gefühle zu sprechen. Sie sollten als Moderatorin oder Moderator darauf achten, dass die Sichtweisen niemals anklagend vorgebracht werden, weil sonst jede Gruppe meint, sich verteidigen zu müssen. Ziel dieser gemeinsamen Gruppen soll es sein, Verständnis für die Situation der jeweils anderen aufzubringen.

Das Schlimmste ist die Stigmatisierung …

Auch hier geht es wieder um ein Thema, für das sich kurzfristig keine Lösung finden lässt. Dennoch wird häufig darüber geklagt: Psychisch erkrankte Menschen und ihre Angehörigen werden stigmatisiert – und das ist furchtbar und »das Schlimmste«. Selbst wenn diese Beschwerde oft berechtigt ist, sollten Sie im Interesse der Teilnehmenden versuchen, etwas Rationalität in die Diskussion zu bringen: Ging es in einer bestimmten Situation wirklich um Stigmatisierung? Oder hat sich eine Person einfach unbedacht und lieblos uns gegenüber verhalten?
Manchmal hilft Aufklärung gegen Stigmatisierung – aber keinesfalls immer. Wir werden nicht alle Menschen davon überzeugen können, dass ihre Meinung über Betroffene und Angehörige falsch ist. Vorurteile sind schwer zu überwinden. Wir können nur lernen, weiterhin an uns, unsere Stärke und unseren Wert zu glauben und abfällige Worte nicht zu nah an uns herankommen zu lassen.
Anders ist es bei handfester Diskriminierung, also einer Situation, in der jemand, weil er betroffen oder Angehöriger ist, z.B. einen Arbeitsplatz oder eine Wohnung nicht bekommt oder nicht zu einem Familienfest eingeladen wird. Gegen derartige Schlechterbehandlung können und sollten wir uns zur Wehr setzen. Aber auch hier sollten wir uns zunächst fragen, ob es sich vielleicht um »normale« Schwierigkeiten handelt, denen viele Menschen ausgesetzt sind. Sie könnten den Teilnehmenden helfen, nicht aufzugeben, sondern diese Schwierigkeiten oder Ungerechtigkeiten durch gute Vorbereitung oder auch gegenseitige Unterstützung zu bewältigen.
»Klagen« wird weder Stigmatisierung noch Diskriminierung verhindern, manches müssen wir einfach hinnehmen. Aber es gibt auch die Möglichkeit, sich gemeinsam in der Gruppe politisch gegen Stigmatisierung oder auch Diskriminierung von psychischen Erkrankungen zu engagieren. Auch damit stärken wir uns und überwinden die Hilflosigkeit, die eine Folge von Stigmatisierung und Diskriminierung sein kann.

Problemlösungstechniken

Zu einer schwierigen Situation wird es eine Reihe von Ratschlägen oder Hinweise aus der Gruppe geben, wie wir dieser begegnen können – sei es, mit welcher Klinik oder mit welchem Psychiater Teilnehmende

gute Erfahrungen gemacht haben, welches Medikament weniger Nebenwirkungen hat oder wie sie ihren Liebsten in Krankheitsphasen Kraft spenden können. Für die Rat suchende Person ist es oft nicht einfach, alle Vorschläge aufzunehmen, sie zu sortieren und für sich zu klären, was passend sein könnte.
Es gibt verschiedene Möglichkeiten, Teilnehmenden bei der Sortierung von Vorschlägen zu helfen. Im Folgenden werden zwei Problemlösungstechniken vorgestellt, die einfach in der Anwendung sind und sich in Selbsthilfegruppen als besonders nützlich erwiesen haben.

Vorteile und Nachteile abwägen

Bei der ersten Technik geht es darum, Vor- und Nachteile von Lösungsvorschlägen für eine bestimmte Situation abzuwägen. Bitten Sie eine Person mit einem schwierigen Problem, zu erzählen, was sie gerade belastet. Um sicherzustellen, dass Sie ihr Problem richtig verstanden haben, könnten Sie die Situation noch einmal kurz in eigenen Worten zusammenfassen. Fragen Sie sie, ob alles stimmt oder noch etwas ergänzt werden muss. Schreiben Sie nun das Problem auf ein Flipchart.
Anschließend können die Teilnehmenden nacheinander eine Lösung vorschlagen, natürlich darf jeder auch mitteilen, dass er keine Lösung weiß. Auch hier ist es wichtig, die Redezeit zu begrenzen, damit alle etwas beitragen können – bei acht Personen bietet sich eine Redezeit von maximal drei Minuten an. Scheuen Sie sich nicht, die Mitglieder zu unterbrechen, wenn die Redezeit überschritten ist. Nehmen Sie die Vorschläge zunächst nur auf, ohne sie zu bewerten, und schreiben Sie sie links auf das Flipchart (siehe Abb. 3, S. 78). Nun werden die Vor- und Nachteile der Vorschläge in der Gruppe diskutiert. Weisen Sie die Teilnehmenden darauf hin, dass es nicht darum geht, den eigenen Vorschlag durchzusetzen, sondern darum, eine passende Lösung für die Person mit dem Problem zu finden. Die Vor- und Nachteile werden rechts neben die jeweiligen Vorschläge an das Flipchart geschrieben.
Ziel dieser Übung ist es nicht, das Problem einer Person abschließend zu klären, sondern ihr Optionen aufzuzeigen, an die sie vielleicht noch nicht gedacht hat. Geben Sie ihr den Flipchartbogen mit nach Hause, damit sie in Ruhe über die Lösungsvorschläge nachdenken oder beratschlagen kann.

ABBILDUNG 3 Problemlösungstechnik: »Vorteile – Nachteile«

PROBLEM: Ich mache mir solche Sorgen, weil meine Tochter ihre Tabletten nicht nehmen will!

Vorschlag	Vorteile	Nachteile
Ich sage ihr immer wieder, dass es ihr besser geht, wenn sie die Tabletten nimmt.	Vielleicht richtet sie sich danach.	Sie ärgert sich, weil sie das als Einmischung oder Bevormundung empfindet.
Ich frage ihren Psychiater, ob sie eine Depotspritze bekommen könnte.	Vielleicht tut er es, vielleicht ist sie einverstanden. Vielleicht hilft es ihr.	Der Psychiater hält mich für eine Mutter, die sich unzulässig einmischt. Meine Tochter ist sauer, weil ich mich über ihren Kopf hinweg an ihren Psychiater gewandt habe.
Ich versuche, sie ins Krankenhaus einweisen zu lassen, damit sie dort ihre Medikamente bekommt.	Vielleicht sieht sie im Krankenhaus ein, dass sie Tabletten nehmen muss.	Sie wird wütend auf mich sein, weil ich eine Zwangseinweisung veranlasst habe. Sie setzt die Tabletten wahrscheinlich sofort wieder ab, wenn sie entlassen wird.
Ich erkläre ihr, dass ich mir Sorgen mache, und bitte sie, doch über Medikamente nachzudenken.	Sie versteht, dass ich Angst um sie habe und möchte, dass es ihr besser geht. Sie versteht, dass ich nicht über ihren Kopf hinweg entscheiden, sondern mit ihr eine Lösung herbeiführen möchte.	Sie wird vermutlich weiterhin ihre Tabletten nicht nehmen.
Ich erkläre ihr ruhig, dass ich ihre Entscheidung respektiere, und frage sie, ob es andere Hilfen gibt.	Sie freut sich, dass ich ihre Entscheidung respektiere und spricht vielleicht offener mit mir über mögliche Hilfen.	Sie sagt mir, dass es ihre Entscheidung ist, ich keine Ahnung habe und sie keine Hilfe braucht.
Ich erkläre ihr, dass ich sie nicht weiter unterstützen kann und will und nicht die Konsequenzen ihrer Entscheidungen tragen werde. Ich kann einfach nicht mehr und will auch nicht mehr.	Vielleicht versteht sie, dass sie auch etwas zu ihrer Genesung tun muss, und denkt noch mal über Hilfen nach. Ich gewinne Abstand und kann sie dann mit neuer Kraft wieder unterstützen.	Sie ist weiterhin wütend auf mich und findet mich rücksichtslos.

Ideen-Pool

Bei der zweiten Technik erläutert eine Person ihr Problem und bittet um Lösungsvorschläge. Sie kann Nachfragen beantworten, wenn das Problem noch nicht richtig verstanden wurde. Bitten Sie jemanden aus der Gruppe, alle Lösungsvorschläge auf ein Flipchart oder ein Blatt Papier zu schreiben (siehe Abb. 4, S. 80). Nun dürfen alle nacheinander Vorschläge machen. Bei zehn Mitgliedern sollte keiner länger als vier Minuten reden. Die Lösungsvorschläge werden gesammelt, aber weder von Ihnen noch von den Teilnehmenden kommentiert. Die Rat suchende Person kann nachfragen, wenn sie einen Vorschlag nicht richtig verstanden hat, sollte aber keine Einwände vorbringen, warum etwas nicht funktionieren kann. Im Anschluss bekommt sie den Flipchartbogen ausgehändigt.

Der Vorteil dieser Übung ist es, möglichst viele unterschiedliche Lösungsvorschläge zu erhalten. Die Rat suchende Person kann sich ganz auf die Diskussion konzentrieren und dann in Ruhe zu Hause darüber nachdenken, ob eine passende Lösung für sie dabei ist.

Wenn niemand einen Rat weiß

In einer Selbsthilfegruppe wird es immer Themen geben, zu denen kein Mitglied einen Rat weiß. In solch einem Fall können Sie vorschlagen, dass Sie sich sachkundig machen und beim nächsten Treffen – oder auch in einem Telefonat zwischen den Treffen – die Informationen weitergeben. Überlegen Sie sich, ob es Ihnen nicht zu viel wird, sich nach diesen Dingen zu erkundigen. Sie sind nicht für alles verantwortlich, was in der Gruppe geschieht. Alternativ könnten Sie jemanden aus der Gruppe bitten, die Recherche zu übernehmen. Vielleicht kennt eine Person auch eine Einrichtung oder Fachkraft, die sich mit diesem Thema auskennt.

In allen Fällen sollten Sie die Person, die das Problem eingebracht hat, fragen, ob ihr diese Vorgehensweise recht ist. Manchmal fühlen sich Teilnehmende bevormundet, weil sie diese Informationen auch hätten selbst beschaffen können.

ABBILDUNG 4 Problemlösungstechnik: »Ideen-Pool«

PROBLEM: Ich weiß nicht, wie ich meinen Sohn unterstützen kann.

- Liebe und Zuneigung, auch wenn er sich »komisch« verhält
- Für ihn da sein, wenn er in eine Krise gerät
- Struktur anbieten, ihm Grenzen aufzeigen, ohne mich von ihm zu distanzieren
- Ihm bei praktischen Dingen helfen
- Ihn finanziell unterstützen
- Ihm rückmelden, wenn ich Frühwarnzeichen beobachte
- Immer wieder ein Kontaktangebot machen, auch wenn es mal zurückgewiesen wird
- Ihn verteidigen, wenn er ungerecht behandelt wird
- Zu ihm stehen, wenn er von Familie oder Bekannten negativ beurteilt wird
- Seine Zuversicht stärken, wenn er an sich zweifelt
- Seine eigenen Lebensentscheidungen akzeptieren, auch wenn ich diese nicht gut finde
- Ihm deutlich sagen, welche Verhaltensweisen ich nicht akzeptiere

Wenn Teilnehmer nicht wiederkommen

Seien Sie nicht enttäuscht, wenn Interessentinnen und Interessenten nicht wiederkommen. Es ist normal, dass manche nur ein einziges Mal kommen oder nach einigen Besuchen ihre Teilnahme einstellen. Beziehen Sie es nicht auf sich, es kann ganz unterschiedliche Gründe haben: Einige haben vielleicht Erwartungen gehabt, die nicht erfüllt wurden. Für andere hat die Zusammensetzung der Gruppe nicht gepasst. Weiteren hat es nicht gefallen, wie diskutiert oder miteinander umgegangen wird. Vielleicht passte die Uhrzeit nicht oder die Teilnehmenden haben keine Zeit mehr, zur Gruppe zu kommen. Manche wollten mehr fachliche Fragen diskutieren, andere hatten den Wunsch, sich vor allem über Erfahrungen auszutauschen. Jüngere Teilnehmende haben vielleicht die Klagen der erfahrenen Angehörigen als demotivierend empfunden. Erwachsene Kinder psychisch erkrankter Eltern haben das Gefühl gehabt, dass ihre Belange nicht ausreichend besprochen wurden.
Es kann aber auch sein, dass alle Fragen, die eine Person beschäftigt haben, beantwortet wurden oder sich die Situation mit dem erkrankten Familienmitglied stabilisiert hat. Einige haben dann immer noch das Bedürfnis nach einer Gemeinschaft, in der sie sich über ihre Situation austauschen können, andere haben dieses Bedürfnis nicht.
Es ist nicht möglich, die Erwartungen und Wünsche jedes potenziellen Mitglieds zu erfüllen. Wenn ein Mitglied die Gruppe verlassen hat, kann es hilfreich sein, telefonisch nachzufragen, warum die Person nicht wiederkommen kann oder möchte. Sie könnten sich freundlich beim ehemaligen Teilnehmenden erkundigen, ob ihn etwas gestört hat oder Sie ihm auf andere Weise helfen können. So können sie etwas über die Gründe erfahren und zeigen ihm gleichzeitig, dass seine Abwesenheit aufgefallen ist und es den anderen in der Gruppe nicht gleichgültig ist, ob er dabei ist oder nicht.
Um weniger Unzufriedenheit aufkommen zu lassen, sollten Sie gleich in der ersten Sitzung deutlich machen, welche Vorstellungen Sie von einer Gruppe haben. Sie könnten darauf hinweisen, dass Sie nachfragen werden, wenn jemand nicht mehr kommt, weil Sie deutlich machen wollen, dass es Ihnen wichtig ist, dass niemand aus Unzufriedenheit die Gruppe verlassen hat. Wenn jemand das nicht möchte, kann er Ihnen das mitteilen. Je klarer Ihre Vorgehensweise ist, desto besser können auch neue Mitglieder integriert werden.

Umgang mit Konflikten

In einer Selbsthilfegruppe bleibt Unzufriedenheit nicht aus – sei es, dass sich ein Mitglied nicht akzeptiert fühlt, sich jemand über den Ton eines Mitglieds ärgert, ihm die Diskussion zu langatmig ist oder er andere Themen besprechen will. Auch wenn Teilnehmende aus ähnlichen Gründen eine Selbsthilfegruppe besuchen, bringen sie doch ihre ganz persönlichen Wertvorstellungen, Überzeugungen und Kommunikationsgewohnheiten mit, die immer auch ein Konfliktpotenzial haben. Im Lauf der Zeit kann sich zudem die Erwartung an die Gruppe oder an Ihre Moderation verändern und Frustration entstehen.

Jeder geht mit Konfliktsituationen anders um. Viele Menschen haben es nie gelernt, Kritik oder Unzufriedenheit offen anzusprechen. Weitere denken, sie dürften so etwas nicht tun, befürchten Missstimmung oder Nachteile für sich. Oft resignieren sie dann, sind überzeugt, die Situation nicht ändern zu können, ziehen sich bei Auseinandersetzungen zurück oder verlassen die Gruppe. Bei anderen kann sich Ärger derartig angestaut haben, dass er sich plötzlich in unangemessener Weise Bahn bricht. Ihre Kritik kann dann verletzend und zu aggressiv wirken. Wenn Menschen daraufhin empfindlich oder verärgert reagieren, fühlen sich die Personen darin bestätigt, dass es besser sei, nichts zu sagen. Die Mitglieder haben aber nicht verärgert reagiert, weil sie Kritik geäußert haben, sondern wegen der Art und Weise, wie diese vorgebracht wurde.

Psychisch erkrankte Menschen und ihre Angehörigen sind durch ihre Situation sehr belastet und werden dünnhäutig. Sie reagieren daher auf empfundene Kränkungen oft besonders heftig. Viele müssen erst lernen, das, was sie stört, in klarer, aber respektvoller Weise anzusprechen. Das ist nicht nur für die Gruppensituation nützlich, sondern ist auch eine wichtige Hilfe im alltäglichen Umgang mit Angehörigen oder erkrankten Familienmitgliedern. So kann die Gruppe ein gutes Übungsfeld sein, schwierige Situationen konstruktiv zu lösen.

Gerade bei nahestehenden Personen haben wir Angst, dass sich diese bei Kritik zurückziehen oder sich von uns entfernen. Angehörige meinen oft, die eigenen Kränkungen nicht ansprechen und keine Grenzen

gegenüber der erkrankten Person setzen zu dürfen. Sie machen sich Sorgen, durch einen Konflikt einen Rückfall auszulösen. Daher finden Sie sich mit Verhaltensweisen der erkrankten Person ab, die für sie nur schwer auszuhalten sind. Betroffene hingegen trauen sich häufig nicht, ihren Angehörigen zu sagen, wann eine Einmischung unangemessen ist, weil sie oft abhängig von der Unterstützung ihrer Familie sind.
Beide Gruppen haben sich über Jahre angewöhnt, ihre Frustration herunterzuschlucken und Zumutungen zu entschuldigen. Dieses Konfliktvermeidungsverhalten kann zu einer dauerhaften Lebenseinstellung werden, die sich auch auf andere Lebenssituationen wie die Selbsthilfegruppe auswirken kann. Auch hier scheuen sich viele Teilnehmende, Kritik zu äußern, weil sie glauben, eine harmonische Atmosphäre in der Selbsthilfegruppe aufrechterhalten zu müssen. Genau das ist aber ein Missverständnis: Unser Ärger oder unsere Kränkungen machen sich auch dann in der Gruppe bemerkbar, wenn wir nicht offen darüber reden. Der Ärger wird dann häufig in Telefonaten oder Gesprächen außerhalb der Gruppe geäußert – jemand redet über ein Gruppenmitglied, statt mit ihm zu reden. Konflikte werden so nicht gelöst, sondern können die Gruppenatmosphäre belasten, ohne dass die restlichen Teilnehmenden den Grund hierfür wissen.
Einige Irritationen können durch frühzeitig eingeführte Spielregeln vermieden werden (siehe S. 46). Wenn Sie aber bereits Missstimmungen erkennen, sollten diese möglichst schnell erhoben werden, z. B. mithilfe von Feedbackübungen.

Feedbackübungen

Feedbackübungen können helfen, emotional schwierige Themen in einer klar vorgegebenen Form anzusprechen, die niemanden gekränkt zurücklässt. Wir verletzen unser Gegenüber meist unbeabsichtigt, weil wir nicht wissen, wie unser Verhalten oder unsere Ausdrucksweise auf andere Personen wirken. Wenn wir hierzu eine Rückmeldung erhalten, können nicht nur Konflikte in der Gruppe vermieden oder entschärft werden, sondern es kann sich auch der Umgang mit unserem erkrankten Familienmitglied oder unseren Angehörigen verbessern.

Andere Konflikte entstehen, weil es unterschiedliche Haltungen zu bestimmten Themen gibt oder es zu Interessensgegensätzen kommt. Auch in diesen Fällen kann eine klare Aussprache helfen.
Am effektivsten sind Feedbackübungen, wenn sie in regelmäßigen Abständen wiederholt werden. Unterschwellige Aggressionen können so frühzeitig erkannt und Lösungen gefunden werden. Die Teilnehmenden können lernen, eben nicht zu schweigen oder mit ihrer Sitznachbarin zu »tuscheln«, um ihrer Unzufriedenheit Luft zu machen. Dies kann auch in aufgeheizten Familiensituationen hilfreich sein.
Feedback kann auf unterschiedliche Art eingeholt werden.

Drei Möglichkeiten, Feedback einzuholen

- Fragen Sie zu Beginn jeder Sitzung, ob beim letzten Treffen Fragen offengeblieben sind oder jemand noch etwas ergänzen möchte. Manchmal fällt Teilnehmenden zu Hause ein weiterer Punkt ein, den sie gern noch einbringen möchten. Auch können so kleinere Missstimmungen direkt geklärt werden.
- Führen Sie regelmäßig eine Feedbacksitzung durch, z.B. alle drei Monate. Auf diese Weise kommt Unzufriedenheit zur Sprache, bevor sie sich aufgestaut hat. Sie erfahren frühzeitig, was gefällt und was nicht. Stellen Sie dies zur Diskussion.
- Unstimmigkeiten untereinander können in einem persönlichen Gespräch geklärt werden. Nutzen Sie hierzu z.B. das Zweierfeedback. Beide Personen sagen sich nacheinander, welche Eigenschaften sie aneinander schätzen und was sie verändern würden.

Ist ein Konflikt bereits stark verhärtet, können Mediationstechniken nötig sein. Sie können diese entweder selbst durchführen, oder Sie suchen sich einen externen Mediator zur Unterstützung. Wenn sich ein Mitglied aus Streit entschließt, die Gruppe zu verlassen, bleibt immer ein bitterer Nachgeschmack – und das ist weder für das Mitglied noch für die restliche Gruppe hilfreich.
Im Folgenden finden Sie drei Feedbackübungen, die Sie je nach Situation ausprobieren können. Gerade die erste Übung sollte regelmäßig durchgeführt werden. Achten Sie bei den Übungen darauf, dass Ich-Botschaften verwendet, Person und Verhalten getrennt und Gesprächskiller vermieden werden (siehe S. 63). Dem Feedback einer Person sollte aufmerksam zugehört werden, ohne sich zu verteidigen, das Gesagte zu bewerten oder darauf zu reagieren.

Wünsche an die Gruppe

Für die erste Feedbackübung erhält jeder sechs farbige Karten und einen Filzstift. Bitten Sie die Teilnehmenden in Druckschrift auf je drei Karten zu schreiben, wovon sie sich künftig mehr und weniger wünschen. Verteilen Sie dazu das Arbeitsblatt mit Anleitung (Abb. 5) – auch hier ist es hilfreich, eine Zeit vorzugeben, an die sich die Teilnehmenden halten sollen, z. B. fünf Minuten.

ABBILDUNG 5 Arbeitsblatt Feedbackübung »Wünsche an die Gruppe«

Schreiben Sie auf drei Karten je einen Wunsch, wovon Sie künftig **mehr** in der Gruppe haben wollen. Antworten können z. B. sein:

- »... mehr Fachvorträge ...«
- »... mehr Zeit für persönliche Gespräche ...«
- »... pünktlicher anfangen ...«
- »... dass alle die Redezeit einhalten ...«
- »... mehr praktische Ratschläge für mein Problem ...«
- »... mehr Positives erzählen ...«
- »... mehr Zuhören ...«

Schreiben Sie auf die restlichen drei Karten je einen Wunsch, wovon Sie künftig **weniger** in der Gruppe haben wollen. Antworten können z. B. sein:

- »... dass nicht immer wieder das Gleiche erzählt wird ...«
- »... dass ich künftig weniger abrupt unterbrochen werde ...«
- »... dass das Gespräch weniger von einzelnen Personen dominiert wird ...«
- »... weniger unerwünschte Ratschläge ...«
- »... weniger Bewertungen wie ›Falsch!‹, ›Das stimmt nicht!‹ ...«

Sammeln Sie die Karten anschließend ein und fragen Sie bei Unklarheiten bei der jeweiligen Person nach, damit keine Missverständnisse entstehen. Nun können Sie die Antworten nach Häufigkeiten gruppieren oder auf einem Flipchart sortieren. Legen Sie für letztere Variante auf dem Bogen zwei Spalten an, die Sie mit »mehr« und »weniger«

überschreiben. Besprechen Sie gemeinsam, was gewünscht wird oder gestört hat. Sie sollten sich nun untereinander verständigen, wie Sie künftig mit der Situation umgehen wollen.
Vielleicht fragen Sie sich, warum nicht direkt angesprochen werden sollte, was jemand an einer Situation oder einer Person als störend empfindet, sondern in der Feedbackübung nach »mehr« und »weniger« gefragt wird. Es kann verletzen, wenn eine Person direkt »beschuldigt« wird, sich falsch zu verhalten oder gar den Gruppenprozess zu stören: »Ich finde, Sie reden immer zu viel!« Wenn wir stattdessen sagen: »Ich wünsche mir, dass alle mehr darauf achten, dass alle zu Wort kommen« oder »Ich wünsche mir, dass weniger ausführlich über zurückliegende Dramen berichtet wird«, ist die Botschaft ebenfalls klar. Sie wird jedoch weniger persönlich ausgedrückt und wir haben über eine Klage oder Beschwerde hinaus gleich einen Hinweis gegeben, wie wir die als störend empfundene Situation verändern könnten.

Zweierfeedback

Das Zweifeedback dient der Reflexion des eigenen Verhaltens. Jedes Mitglied sucht sich bei dieser Übung eine Partnerin oder einen Partner. Damit sich nicht immer die gleichen Personen zusammenfinden, können Sie die Paare nach dem Zufallsprinzip bestimmen. Sie könnten beispielsweise einen Teller mit je zwei gleichen Bonbons (oder Nummern, gleichfarbigen Karten) herumreichen. Die Personen, die die gleichen Bonbons ziehen, setzen sich zusammen. Verteilen Sie anschließend das Arbeitsblatt mit Anleitung (Abb. 6, S. 87).
Sinn dieser Übung ist es, im geschützten Rahmen sagen zu können, welche Eigenschaften und Verhaltensweisen die Mitglieder aneinander gut finden und was sie verändern möchten. Das Feedback kann einer Person helfen, sich selbst und ihre Wirkung auf andere besser zu verstehen.
Diese Übung funktioniert nur, wenn das Feedback respektvoll in einer nicht verletzenden Weise vorgetragen wird. Das Verhalten des Gegenübers wird so beschrieben, wie es wahrgenommen wird. Es wird weder bewertet noch interpretiert oder nach Motiven gesucht. Der Inhalt dieser Übung wird nicht in der Gruppe vorgestellt. Sie könnten stattdessen fragen, ob die Übung für die Teilnehmenden hilfreich war.

ABBILDUNG 6 Arbeitsblatt Zweierfeedback

Suchen Sie sich einen Partner, am besten jemanden, den Sie nicht gut kennen. Setzen Sie sich, wenn möglich, ein wenig abseits. Stellen Sie Ihrem Gegenüber folgende Fragen:

- Wie wirkt mein Verhalten in der Gruppe auf Sie?
- Welche drei Dinge sollte ich künftig mehr machen?
- Welche drei Dinge sollte ich künftig weniger machen?

Nach zehn Minuten wechseln Sie und hören Ihrem Gegenüber zu.

Wichtig ist: Der **Feedbackgeber** spricht ausschließlich über seine Wahrnehmung des Gegenübers und verwendet Ich-Botschaften. Er teilt seine Gedanken mit, ohne den anderen zu bewerten oder sein Verhalten zu interpretieren.

Der **Feedbackempfänger** hört aufmerksam zu. Das Feedback wird nicht kommentiert. Das eigene Verhalten wird weder erklärt noch verteidigt.

Zufriedenheit mit der Gruppe

Bei der letzten Feedbackübung geht es darum, herauszufinden, wie groß der Nutzen einer Selbsthilfegruppe ist. Hierzu beantwortet jeder zunächst für sich fünf Fragen (Abb. 7, S. 88). Die Teilnehmenden schreiben auf eine Karte, was ihnen gut geholfen hat und was vielleicht noch optimiert werden kann. Dazu haben sie fünf Minuten Zeit. Malen Sie in der Zwischenzeit folgendes Raster auf ein Flipchart:

Nutzen?	Wovon mehr?	Wovon weniger?

ABBILDUNG 7 Arbeitsblatt Feedbackübung »Zufriedenheit mit der Gruppe«

Beantworten Sie die folgenden Fragen und schreiben Sie Ihre Antwort mit Filzstift in Druckbuchstaben knapp und gut leserlich auf eine Karte. Sie haben fünf Minuten Zeit:

- Was haben die Gespräche bis jetzt für mich gebracht?
- Wie könnte die Gruppe mich noch mehr unterstützen? Welche Art von Unterstützung wünsche ich mir?
- Was fehlt mir in der Gruppe?
- Was will ich künftig in der Gruppe vermeiden?

Nun dürfen die Teilnehmenden ihre Ergebnisse in der Gruppe vorstellen. Es ist hilfreich, wenn Sie die Antworten in Stichpunkten in der Tabelle festhalten. Die Wünsche und Kritikpunkte der Teilnehmenden werden zunächst nicht kommentiert, sondern nur zur Kenntnis genommen. Die Häufigkeit der Wünsche dient als Grundlage zur Diskussion.

Vielleicht fragen Sie sich auch bei dieser Übung, warum ein so aufwendiges Verfahren erforderlich ist, um die Stimmung in der Gruppe oder auch Wünsche und Abneigungen herauszufinden. Die Erfahrung zeigt aber, dass wenig vonseiten der Teilnehmenden kommt, wenn Sie sie ohne Vorgaben bitten: »Erzählen Sie doch einfach mal, was Ihnen gefällt oder was Ihnen nicht gefällt!« Vielen Menschen fällt es schwer, sich dann sofort zu überlegen, was gut ist und was sie stört. Andere scheuen sich, direkt etwas Kritisches zu äußern, weil sie niemanden verletzen oder den Gruppenfrieden nicht gefährden wollen.

Wenn es jedoch Vorgaben gibt, die beantwortet werden müssen (sollen), dann hat jeder die Erlaubnis oder ist sogar aufgefordert, eine Einschätzung abzugeben. Diese Übungen helfen also, eine gewisse Scheu zu überwinden und sich strukturiert Gedanken zu machen. Niemand gilt dann als »Störenfried«, weil er Kritik vorgebracht hat. Alle, auch die eher Zurückhaltenden, müssen ihre Meinung kundtun.

Auswertungsrunde

Im Anschluss an eine Feedbackübung sollten Sie in der Gruppe besprechen, wie Sie mit der geäußerten Kritik umgehen wollen. Bei der Auswertungsrunde müssen Sie sich in Geduld üben. Oft kommt zunächst wenig, daher sind Impulsfragen wichtig, um die Diskussion in Gang zu bringen. Sie könnten die Diskussion mit den Worten einleiten: »Wir konnten feststellen, dass die meisten zufrieden sind mit ..., aber dass es noch Wünsche gibt in Bezug auf ... Zum Beispiel wurde häufig genannt, dass man sich weniger ... wünscht, oder dass ... den meisten fehlt« oder »Beginnen wir mit dem Wunsch ... Wie können diesen in der Gruppe umsetzen und damit mehr Zufriedenheit erreichen?«.

Heikle Themen

In einer Selbsthilfegruppe sollte alles angesprochen werden dürfen, was die Teilnehmenden bewegt. Einige Themen können für Mitglieder – oder auch für Sie – mit Angst oder Scham verbunden sein. In solchen Situationen werden Sie vielleicht nicht immer wissen, welchen Ton Sie anschlagen sollen. Dieser Leitfaden kann Orientierung bieten. Es geht nicht darum, eine Expertin oder ein Experte für diese Inhalte zu sein, sondern darum, Teilnehmenden zu erleichtern, auch heikle Themen einzubringen.

Sie könnten damit beginnen, auszusprechen, was andere vielleicht ebenfalls empfinden: »Es fällt uns jetzt sicher allen – und insbesondere auch Frau Kurth – nicht leicht, über dieses Thema zu sprechen. Aber wir sehen, dass Frau Schmitz jetzt darüber sprechen möchte, und wir sollten ihr dafür auch den Raum geben.«

Suizid

Das Thema Suizid belastet vor allem Angehörige in besonderer Weise. Viele haben unterschwellig, oder auch aus bitterer Erfahrung, Angst, dass ihr erkranktes Familienmitglied einen Suizidversuch begeht oder es gar zum Suizid kommt. Es ist wichtig, diesem Thema immer wieder Raum zu geben und sich mit der Angst auseinanderzusetzen. Wenn Sie bemerken, dass das Thema Mitglieder Ihrer Gruppe sehr beschäftigt, könnten Sie anbieten, eine Fachperson für Suizidprävention einzuladen.

Vielen hilft es auch, über »verbotene« Gefühle oder Gedanken sprechen zu können, die auftreten können, wenn wir eine nahestehende Person über eine längere Krankheitsphase begleiten. Manchmal denken wir nach einem Suizidversuch: »Er hat ja sowieso nichts mehr vom Leben« oder »Wäre es nicht besser für sie, wenn sie gar nicht mehr leben müsste?«. Oft erschrecken wir uns über derartige Gedanken und verbieten sie uns – entweder, weil wir glauben, sie nicht haben zu dürfen, oder weil wir es uns nicht verzeihen könnten, wenn sie wahr werden würden. Aber in einer Selbsthilfegruppe hat jeder Gedanke Platz. Es ist normal, sich in einer stark belasteten Lebenslage auch einmal vorzustellen, wie das Leben ohne die erkrankte Person verlaufen würde. Das bedeutet nicht, dass wir uns diese Situation wirklich wünschen. Solche Gedanken sind vielmehr ein Anzeichen von Erschöpfung und Überforderung.

Der Austausch mit Personen, die sich in einer ähnlichen Lage befinden und derartige Gedanken kennen, kann Angehörigen helfen, milder zu sich selbst zu sein. Sie können lernen, die Gedanken zuzulassen und mit ihnen umzugehen. Wenn sie diese aber unterdrücken oder sie sich übel nehmen, können starke Schuldgefühle entstehen. Viele opfern sich dann noch stärker für die betroffene Person auf und nehmen ihre eigenen Grenzen nicht mehr wahr. Eine anhaltende Aufopferung kann wiederum dazu führen, dass sie selbst erkranken oder unterschwellig eine große Wut gegenüber der erkrankten Person entwickeln. Aber nicht das betroffene Familienmitglied hat das Opfer gefordert, sondern sie selbst haben sich dazu entschieden, Dinge aufzugeben und eigene Bedürfnisse zurückzustellen. Eine solche Aufopferung ist daher weder für die erkrankte Person noch für Angehörige hilfreich.

Sie könnten Angehörigen raten, »verbotene« Gedanken zum Anlass zu nehmen, um über ihr Leben, ihre Bedürfnisse und Wünsche nachzudenken. Es ist wichtig, dass Familienmitglieder, Partner und Freunde auch an sich denken und ein eigenes Leben führen. Nur so können sie der erkrankten Person dauerhaft mit Vertrauen und Gelassenheit begegnen. Weisen Sie die Teilnehmenden außerdem darauf hin, dass sich manche Situationen nicht ändern lassen und einige Risiken nicht beseitigt werden können. Wenn jemand die feste Absicht hat, sich das Leben zu nehmen, können wir es auf lange Sicht nicht verhindern.

Auch wenn es nicht leichtfällt: Ein Suizid kann ein Akt der Selbstbestimmung sein, den wir akzeptieren müssen. Wir können der erkrankten Person helfen, den Suizid nicht als einzigen Ausweg zu sehen, doch letztlich entscheidet jeder selbst über sein Leben. Diese Einstellung ist auch hilfreich, um ein Gruppenmitglied in seinem Schmerz zu begleiten, wenn es zu einem Suizid kommt. Wir können uns unbefangener mit der Situation auseinandersetzen, wenn wir akzeptieren, dass dieser Weg gewählt werden darf. Die anderen Teilnehmenden können das Mitglied dabei unterstützen, seine Selbstvorwürfe nach dem Suizid abzulegen.

Manche Angehörige tröstet es, wenn Teilnehmende zu der Beerdigung oder Trauerfeier des verstorbenen Familienmitglieds, Freundes oder Partners gehen. Sie könnten auch einen Blumenstrauß besorgen und ihn der Person in der nächsten Sitzung geben. Sagen Sie ihr, dass Sie sich freuen würden, wenn sie weiterhin an den Treffen teilnähme. Selbst wenn die Person diesen Wunsch nicht länger hat, wird sie Ihre Worte als tröstlich empfinden. Akzeptieren Sie aber auch, wenn sie sich entschließt, die Gruppe zu verlassen.

Sexualität und Intimität

Noch zögerlicher als andere Tabuthemen kommt in einer Selbsthilfegruppe Sexualität zur Sprache. Betroffene haben durch ihre psychische Erkrankung oder die medikamentöse Behandlung mit starken Beeinträchtigungen im Hinblick auf ihr Sexualleben zu kämpfen. Einige Eltern bedauern es, dass ihr erkranktes Kind diesen Lebensbereich vielleicht nicht erfahren wird. Gerade in Beziehungen, in denen einer der Partner psychisch erkrankt ist, ist Intimität ein belastendes Thema: Betroffenen machen Nähe oder Sexualität oft große Angst, auch wenn sie sich danach sehnen. Durch die Medikamente ist häufig auch ihr sexuelles Verlangen gedämpft. Das hinnehmen zu müssen, fällt gesunden Partnerinnen und Partnern nicht leicht. Es ist wichtig, dass sie den fehlenden Wunsch nach Nähe nicht als Ablehnung ihrer Person verstehen, sondern ihn mit der Erkrankung in Verbindung bringen können.
Aber auch in Beziehungen, in denen kein Partner psychisch erkrankt ist, können Intimität und Sexualität stark an Beachtung verlieren, wenn sich die ganze Konzentration eines Partners jahrelang auf ein betroffenes Familienmitglied richtet. Eine psychische Erkrankung kann die Bedürfnisse der unterstützenden Angehörigen verdrängen. Viele sind so von ihrem Kummer eingenommen, dass sie keinen Wunsch mehr nach Nähe verspüren. Dadurch verlieren sie nicht nur eine wichtige Quelle des Wohlbefindens, sondern es kann ebenso zu Zerwürfnissen in der Beziehung führen. Das könnte auch eine mögliche Erklärung für die vielen Trennungen bei Eltern psychisch erkrankter Kinder sein.

Obwohl dieses Thema also ein sehr bedeutsames ist, ist es im psychiatrischen Kontext und in der Angehörigenbewegung oft tabuisiert. Es kann entlastend sein, die Schwierigkeiten in einer geschützten Umgebung anzusprechen. Es gibt zwar kein »Patentrezept«, doch es kann helfen, offen über Gefühle und Bedürfnisse zu reden und zu merken, dass man mit diesen nicht allein ist. Sorgen Sie hier für eine Atmosphäre, in der sich jeder geborgen fühlt, damit alle Mitglieder das Thema ohne Scheu aufgreifen können.
Das Thema Sexualität wird zu einer noch größeren Belastung, wenn es vonseiten der erkrankten Person zu sexuellen Auffälligkeiten oder Übergriffen kommt. Einerseits drohen strafrechtliche Konsequenzen, andererseits sind Angehörige entsetzt und schämen sich für die erkrankte Person. Viele meinen, die Verantwortung für das Verhalten ihres Familienmitglieds oder Partners zu tragen und sich entschuldigen zu müssen.
In solch einer heiklen Situation können Sie für Entlastung sorgen, wenn Sie ihnen begreiflich machen, dass sie weder das Verhalten provoziert haben noch es hätten verhindern können. Sie müssen sich weder entschuldigen (»Er ist doch mein Sohn!«) noch ihr Kind oder ihren Partner abwerten (»Meine Tochter ist furchtbar, weil sie ein solches Verhalten zeigt!«). Weisen Sie auch hier wieder darauf hin, dass es im Gespräch mit der erkrankten Person hilfreich ist, Problem und Person zu trennen. Eltern könnten ihrem Kind sagen, dass sein Verhalten falsch gewesen sei und sie hierfür nicht die Verantwortung übernehmen werden, ohne sich aber von ihm zu distanzieren.

Alter und eigene Erkrankung

Das eigene Alter kann für Angehörige ein sehr belastendes Thema sein. Sie sind besorgt, was mit ihrem erkrankten Kind oder Lebenspartner geschieht, wenn sie nicht mehr leben oder selbst erkranken und sich nicht mehr um ihre Tochter oder ihren Sohn kümmern können. Wird ihr Kind mit dem wenigen Geld zurechtkommen, das ihm zusteht? Wer wird für ihr Kind da sein, wenn es einsam oder traurig ist? Wird jemand frühzeitig erkennen, wenn eine Krise droht?

Auch Betroffenen macht dieser Gedanke Angst. Viele können sich nur schwer vorstellen, ohne die Hilfe ihrer nahen Angehörigen zu leben. Das bezieht sich nicht nur auf pragmatische Dinge wie finanzielle Unterstützung oder Hilfe bei Einkäufen, sondern umfasst ebenso ihren emotionalen Beistand. Oft sind es ausschließlich Angehörige, von denen Betroffene emotionale Stabilität und Rückhalt erhalten.
Für die rechtlichen und finanziellen Themen könnten Sie eine Rechtsanwältin, einen Notar oder einen Berufsbetreuer für einen Fachvortrag einladen, um über rechtliche Betreuung, Vorsorgevollmachten, Patientenverfügungen und Behindertentestamenten aufzuklären. Erklären Sie den Teilnehmenden, dass es wichtig ist, sich möglichst einvernehmlich über solche Dinge zu einigen, bevor es zu spät ist.
Vor allem die Frage nach einer angemessenen Wohnform beschäftigt viele Angehörige. Auch hier ist es hilfreich, sich zeitig über die Möglichkeiten vor Ort zu informieren. Wenn Hilfsangebote frühzeitig in Anspruch genommen werden, sorgt es sowohl bei den Angehörigen als auch bei den Betroffenen für Entlastung. Angehörige neigen dazu, sich für alles verantwortlich zu fühlen. Sie lassen ihr erkranktes Kind auch dann noch bei sich wohnen, wenn es erwachsen ist, gehen einkaufen oder räumen sein Zimmer immer auf. Auch wenn dahinter ein guter Wille steckt, kann das die Abhängigkeit noch verstärken.
Motivieren Sie Angehörige daher dazu, ihren Kindern etwas zuzutrauen und ihre Selbstständigkeit möglichst früh zu fördern. Es können viel mehr Betroffene als angenommen allein oder in einer betreuten Wohngemeinschaft wohnen und sich selbst versorgen. Wenn es den erkrankten Personen nicht vollständig gelingt, kann eine ambulante Betreuung eine gute Alternative sein. Für Betroffene, die ihren Alltag nicht allein managen können, gibt es eine Fülle von Unterstützungen. Ermutigen Sie die Teilnehmenden, sich sachkundig zu machen, denn je besser sie informiert sind, desto weniger Angst werden sie vor der Zukunft haben. Sie könnten auch Leiterinnen und Leiter solcher Einrichtungen einladen oder sich erkundigen, ob Sie als Gruppe vor Ort eine Besichtigung machen können.
Für Betroffene ist es wichtig, ein gutes soziales Netzwerk außerhalb der Familie zu haben. Das können eigene Freunde sein, jüngere Familienmitglieder oder auch ambulante Betreuerinnen und Betreuer. Angehörige könnten ihrem erkrankten Familienmitglied oder Freund vorschlagen, in eine Selbsthilfegruppe zu gehen oder regelmäßige

Treffs oder Kurse in Einrichtungen zu besuchen, um andere Menschen kennenzulernen und Freundschaften zu schließen. Der Kontakt zu Angehörigen ist zwar wichtig, sollte aber nicht der einzige Kontakt sein.
Sie könnten in der Gruppe überlegen, ob Sie ein Sommerfest organisieren wollen, zu dem alle ihre erkrankten Angehörigen einladen. Auf diese Weise können Freundschaften unter den Betroffenen oder auch gute Kontakte zwischen Betroffenen und anderen Angehörigen geschlossen werden: Wenn wir einer Person emotional nicht so nahestehen, können wir uns objektiver mit einem Rat oder einer Sichtweise auseinandersetzen.

Literatur

Pearlman, L.; Abram, C. (2013): Facebook für Dummies. Weinheim: Wiley.

Rosenberg, M. B. (2012): Gewaltfreie Kommunikation. Eine Sprache des Lebens. Paderborn: Junfermannsche Verlagsbuchhandlung.

Schlusswort

In diesem Leitfaden werden viele unterschiedliche Themen angesprochen. Manche sind Ihnen schon vertraut, andere neu. Manche halten Sie für relevant, bei anderen haben Sie eine andere Vorgehensweise für sich gefunden. Genau diesen Umgang wünsche ich mir für dieses Buch. Es ist ein Leitfaden, wenn Sie noch wenig Erfahrungen mit der Moderation von Gruppen haben – vor allem von Gruppen für Menschen, die unter der besonderen Belastung einer psychischen Erkrankung stehen. Es ist ein Nachschlagewerk, wenn Sie bereits Erfahrungen gesammelt haben oder sich kompetent fühlen, eine Gruppe nach Ihren Vorstellungen anzubieten und durchzuführen.
Ich wünsche mir, dass Sie von den Vorschlägen, Anregungen, Gedanken und Hinweisen profitieren und sich ermutigt fühlen, eine Selbsthilfegruppe zu initiieren – die Arbeit wird sich lohnen: Sie unterstützen nicht nur Menschen, die mit ihrer Situation oft alleingelassen werden, sondern eine solche Gruppenmoderation wird auch für Sie selbst ein Gewinn sein. Sie erfahren viel über die Gefühle und Probleme anderer Menschen aus dem psychiatrischen Umfeld, aber auch über ihre Bewältigungsstrategien. Gleichzeitig lernen Sie, mit schwierigen Situationen in einer Gruppe souverän umzugehen, und – last but not least – können Sie in einer solchen Gruppe Freundschaften schließen und auch vergnügte Stunden miteinander verbringen.

Danksagung

Ich möchte mich bei York Bieger und Karin Koch bedanken, dass sie die Idee, einen neuen Leitfaden zur Moderation zu schreiben, umgehend aufgegriffen haben. Ganz besonders viel Dank gebührt aber meiner Lektorin Katrin Klünter, die mit viel Sachkenntnis, Geduld und Akribie meinen Text deutlich verbessert hat. Es war von Beginn an eine außerordentlich erfreuliche Zusammenarbeit mit dem Psychiatrie Verlag. Und ich danke natürlich meinen Kindern und Enkelkindern und meinem Kater, dass sie immer noch so freundlich zu mir sind, obwohl ich so selten den IMac ausschalte.